参加して学ぶ
ボランティア

立田慶裕 編

玉川大学出版部

はじめに——ボランティアの広がりと深まり

ボランティアとは何か、をもう一度ふりかえって考えたい。

近年、日本のあらゆる分野でボランティアが活躍しはじめている。平成一三年の社会生活基本調査によれば、ボランティア活動の行動者数は約三二〇〇万人、行動者率は二九％と、三人に一人がボランティア活動を行っている。平成八年に比べても、約四％の上昇がみられ、女性の三〇歳代後半から四〇歳代前半が最も高い行動率で四割を超えている。

これまでボランティア活動といえば、福祉施設での奉仕活動というように理解されていた。しかし、実際のボランティア活動は、より広い領域の分野も含み、福祉の領域だけには限られない。

学校教育の現場には、総合学習や特別活動、課外活動の中で、ボランティアが積極的に活動している。また、学校の生徒や学生が学校外でボランティアの研修を受け、ボランティアとして活動する。そして、学校の生徒だけでなく、多くの成人がボランティア活動に従事している。

その意味ではボランティアを、福祉領域の活動であるという視点から、より広い領域で活動する人々として考えることが重要だろう。

本書では、学校、公民館、インターナショナルスクール、博物館、インターネットの世界など、これまでふれられてきた以上の広い世界のボランティア活動に焦点をあてている。ボランティア活動が福祉の世界だけというイメージをもつ人々にとって、その世界の広がりは大変大きなイメージの広がりをもたらすこととなる。

同時に、それぞれの領域や活動の場におけるボランティア活動は、産業社会から情報社会へ、そして知識が基盤となる社会といわれる中で、その意味も大きく変わりつつある。社会へ参加する意志、世代や時代、そして国際関係の中で変わりゆく人間関係の変化、奉仕という言葉がもつ意味、などボランティアをめぐって、多くの人々がその活動のもつ意味をとらえ直している。ボランティア活動に関わる人々が増えるにつれ、その意味も広がりと同時に、深まりをもつようになってきた。

たくさんの人々が、自分の関わるボランティア活動について深く考え始めたのである。

ボランティアとは何か、そしてそれがどんな意味や意義をもつのか、なぜ私たちはボランティア活動を行うのか、こうした問いが次々と生まれてきた。


ボランティア活動は、私たちを、家族、職場、地域を越えた人と人のつながりの世界へと誘う役割を果たす。それは単に社会的な活動に身体を動かして参加するという意味だけではなく、私たちの頭の中を、市民としての意識をも変えつつある。学習は、机上だけでなく社会への参加を通して行われる。

私たち一人ひとりがボランティア活動に参加する時代の中で、自分の人生の中で、ボランティア活動のもつ意味をもう一度考えてみると、そこには、世界と自分をつなぐ何かがある。それを発見するためのヒントを提供しようとする試みが、本書なのである。

本書では、いろいろな教育の場でボランティアをどう育てるか、というボランティア教育の問題を考えると同時に、私たち自身がどのようにしてボランティア活動を学んでいくかというボランティア学習の問題を考え、教育者と学習者の二つの視点から論じている。ただ、ボランティア活動の基本はその活動を行うもの自身の自発性にあるという視点を本書では重視し、まず、学び手の視点を尊重することから教育活動を展開する姿勢が重要だと考えて、表題を『参加して学ぶボランティア』としたのである。

序章では、ボランティアの意味といろいろなボランティア活動を紹介し、1章では、表題の意義をより深く広い視点で説明している。2章、3章は学校教育におけるボランティア活動の状況と意義を述べ、4章と5章では、公民館と博物館におけるボランティア活動について紹介と考察を行っている。社会教育施設としては、図書館のボランティア活動も盛んであるが、その種類は多様かつ専門的であるため、図書館活動の類書を参考にされたい。6章では、国際的なボランティアを育てるプログラムとして国際バカロレアの検討を行った。7章では活動の活性化の条件を、そして8章では、今後の広がりが期待されるインターネットを活用したボランティア活動の例をとりあげた。最後の9章では、ボランティア活動が社会の領域をこえる可能性について述べた。

本書を読んでいただければ、ボランティアとは何か、という問題が実は、家族や社会、仕事、生き方、そして変化する社会という問題と深くつながっていることがわかっていただけるのではないだろうか。

二〇〇四年八月

立田　慶裕

参加して学ぶボランティア

◆

目次

◆

序　ボランティアとは何か

1　ボランティアとは

――最近、いろいろなところで、ボランティアという言葉を聞くのですが、そもそも、ボランティアとは何でしょうか。

ボランティアとは、ある仕事に自発的に参加する人のことです。特に、何か目的をもった社会的な仕事（社会事業）に、お金をもらわず参加する人や、自発的に社会事業への奉仕活動を行う人を意味します。

――ボランティアという言葉は、何語なんですか。

ボランティアという言葉は英語から日本語になったものですが、その英語の意味を見ると、英和辞典によれば、ボランティアとは、志願者、有志のことです。

たとえば、『小学館ランダムハウス英和大辞典』をひきますと、「進んでする人は、強制された人の二人分の仕事をする」（One volunteer is worth two pressed man. 二九二四頁、一九九二年）という例があります。志をもつ人が発揮する力は、人から言われて動く人より大きいという例です。

英語のボランティア、volunteerの語源は、ラテン語のvoluntasですが、この言葉には、wish（願い）、will（意志）、inclination（～したい気持ち）、good will（善意）の意味があります。

――へぇー、善意という意味もあるんですね。でも、日本語でボランティアというときには、もっと他の意味も含まれることがあるでしょう。

そうです。日本語のボランティアには、善意をもった自発的な活動としての側面だけではなく、お金をもらわずにする仕事や社会への奉仕活動としての意味が含まれています。そうした意味合いで使われる場合、「ボランティアとは無報酬で仕事を請け負うもの」、あるいは「ボランティアとは社会への奉仕者である」といった考え方があり、そうした役割がボランティアに期待されたりすることもあります。

ただ、こうした考え方は日本だけでなく、アメリカでも、ボランティア活動の中に強制的な社会奉仕活動や学校の授業として実施されるものもあり、だんだんとその本来の意味から離れて広い意味をもつようになっています。

――この本でも、そうした広い意味でボランティアは書かれているんでしょうか。

はい。ただ、本書では、特に、ボランティアが自発的な参加による活動であるという点、自らの意志をもって参加する自発的な活動である点に注目し、そこにより大きな教育的意義があるということを深く考えていきたいと思います。もちろん、無報酬で仕事をすること、そして社会への奉仕活動であるという点にも、ボランティアの教育的意義はあります。それらを切り離して考えることはできません。ですが、ボランティアのことを考えるなら、ボランティア活動への参加から始めていくことをおすすめします。

――なぜ、参加することから始めるといいんですか。

いい質問ですね。

阪神淡路大震災では、できごとが起こってから多くの人々が学ぶ機会をもちました。しかし、とりかえしのつかないことが起こってから問題を学ぶのではなく、できごとの発生前に学ぶことが大切なのではないか、という反省がそのとき生まれました。ボランティアの学習は、受動的な学習ではなく、対応的な学習では遅すぎる。そこで、参加を通じての学習が大切にされるわけです。

——ボランティアの学習ですか？　それは、ボランティアについて学ぶことだとばかり思っていました。ボランティア活動によって学ぶ、ボランティア活動から学ぶ、という意味もあるんですね。参加するタイプの学習というわけですね。

はい。聞くだけの学習や対応型の学習といった受け身の学習から、参加することによって学ぶ、つまり能動型の学習ということです。いろいろなボランティアを、自分から進んでやってみましょう。そのときにまた、次の問いが頭に浮かんできます。

——エーッ！　答えがわかるんではないんですか？　どんな問いが生まれるんでしょう。

また、ボランティアとは何だろう、という問いです。

——それでは、進歩がないじゃないですか？

いえいえ。実際のボランティア活動をしていますと、この問いがいつも頭に浮かんできます。自分から進んで行うはずの活動が、実際の活動の中では、人に仕事を頼んだり、人から仕事を頼まれたりということが多くなります。また、自分が望んでいなかったことや、自分だけでは解決できない問題にも出くわします。

今度は、この問いが、単なる言葉の定義だけでは終わらなくなります。つまり、いったい、自分の意志で始めた活動がなぜ他人にあれこれ言われたり、一人だけでできないのだろう、という疑問です。また、人の善意っていったい何だろう、お金っていったい何だろう、この仕事にどんな意味があるんだろう、といった疑問もわいてきます。それから、これが特に大切だと思いますが、それぞれの人が、いろいろな社会的な活動に関わる中で、社会の中には本当にたくさんの問題があることが、体験的にわかるようになってきます。そこから、ボランティアの学習が始まるのです。

——ボランティアとは何だろう、という問いがひろがっていくわけですね。

そうです。それと同時に、たくさんの人とのつながりができ、いろいろな人の生き方を知り、新しい知識や技術も身につくようになり、楽しみや苦しみの感情もひろがっていきます。

――それは、どのようにひろがっていくのでしょうか。

2　いろいろなボランティア

――もっと具体的にお聞きしますが、いったいどんなボランティア活動があるんでしょうか。

ボランティアといいますと、社会福祉のボランティアを考える人が多く、実際、この領域のボランティア活動で働く人が多いことも確かです。しかし、そのほかにもいろいろなボランティアやボランティア活動があります。ボランティアとは、ある目的をもった社会的な活動への自発的な参加だといいましたが、その目的によっても、いろいろな活動があるんですよね。

――たとえば？

まず、どんな人たちを支えるボランティアがあるか、ご紹介しましょう。ボランティア活動は、ボランティアがいろいろな人々を支える活動でありながら、ボランティア自身が多くのことを学んでいく活動でもあります。たとえば、子どもたちと学ぶ活動です。

●子どもたちと学ぶ

――子どもたちには大人が教えるのであって、子どもから学ぶことってあるんですか？

確かに、知識や技術、そして生きてきた年齢からいえば、子どもたちより大人の方がたくさんのことを知っているでしょうし、経験もあるでしょう。ただ、大人というのは、世の中で生きていくために多くの夢を捨ててしまった人間でもあります。ですから、子どもたちから、自分が失った夢や素直なものの見方を学ぶことも多いのです。エンデの「ネバーエンディング・ストーリー」やバリの「ピーターパン」は、子どもたちだけがもつ世界の大切さ、物語の豊かさを大人になっても教えてくれます。同じように、子どもたちのためのボランティア活動の中で、私たち自身が意外な発想やそのエネルギーをもらうことも多いのです。

――そうですか。で、実際にはどんなボランティア活動があるんでしょう。

まず、身近な活動では、どんな地域にもある子ども会活動があります。子どもたちの教育活動が盛んな地域では、こども劇場やおやこ劇場、おもちゃライブラリー、子ども博物館をつくる会、ネイチャーゲームの会、フリースペース、プレーパークなどが行われています。また、児童館ボランティアや養護施設ボランティアなどの子どもを対象とした施設でもボランティアを募集していることがあります。

さらに、子ども向けではありませんが、子育てを支援する制度として、ファミリー・サポート・センター（子育て支援センター）があります。これは、働く女性のために、子育てを終えた地域のボランティアが育児を手助けする制度であり、この子育て支援を行うボランティア・サークルや市町村が主として運営しています。

●障害のある人と学ぶ

――子どもたちを支援するほかには、どんなボランティアがあるんですか？

ボランティア活動は福祉の領域で発展してきましたから、まず障害者や高齢者を支援するボランティアからご紹介しましょう。ただ、そうしたボランティア活動を行うためには、ある程度の学習を自分でしたり、いろいろな施設で開設されているボランティアのための研修講座を受ける必要があります。

たとえば、点字や手話を学んで行うボランティアです。点訳は、図書館での点訳図書の作成活動に、また手話は、講演や授業など、それにテレビでも近年は行われていますからご存知のかたも多いでしょう。また、私たちは加齢につれて耳が遠くなります。こうした中途失聴者は、手話を習い覚えるのが大変ですから、要約筆記というボランティアがうまれています。会議、授業などの内容を、文字の筆記によって難聴者、中途失聴者に伝える筆記ボランティアです。これは、要約筆記奉仕員養成事業として、厚生労働省（旧厚生省）が推進し、全国各地で講座が開かれています。

その他にも、重度障害者生活訓練ホームで活動を行ったり、視覚障害者の伴走や運転ボランティアなど障害者の社会参加を支援するボランティアもあります。

●高齢者と学ぶ
——今後、高齢社会の到来の中で、高齢者のためのボランティアももっと必要になるんでしょう?

そうです。日本人のボランティア活動で非常に多いのが高齢者を対象としたものです。おっしゃるように、高齢社会の進行は、現在の日本において、特定の地域だけでなく、どこでも大変重要な課題ですし、それは今後さらに大きな課題となっていくでしょう。

その場合、高齢者といっても、まだまだ元気な前期高齢者の方々と、だんだんと身体が弱っていき、社会的な活動から身を引いていく後期高齢者の方とでは大きな違いがあります。ですから、ボランティアでも、高齢者を支えるボランティアもあれば、高齢者自身がボランティアとして活躍するものもあるのです。

話し相手、掃除、買い物の手伝い、病院への送迎や家事援助など老人への簡単な介助を行う「ホームヘルプサービス」型のボランティアは全国で多く行われています。これに加えて、家事援助だけでなく、入浴、洗濯、食事、排せつなどへの支援を行う介護ボランティアもあります。それがさらに国家資格として認められ、有料のケースが多いのがホームヘルパーですね。

また、後でお話しますが、高齢者の施設などへ訪問を行うコーラス活動なども高齢者のためのボランティア活動といえるでしょう。

これに対し、高齢者自身が行うボランティアに、シニアボランティア（シルバーボランティア）があります。これは、元気な高齢者がその経験と知識を活かし、定年退職後あるいは子育て終了後、社会に参加したり、仲間を作ったりする場として、ボランティア活動に参加するものです。その活動内容は、地域の子どもたちのためのボランティア活動から、公民館での講師やスポーツ教室の指導などの教育ボランティア、配食サービスや移送サービスなどの福祉ボランティアから、名所・旧跡の観光ボランティアと多岐にわたります。

また、海外でのボランティアにも関心を向け、途上国の開発にその経験を生かすために国際協力事業団の事業に参加して、シニア海外ボランティアになる人々もいます。シニア海外ボランティアへの参加資格は、文化、行政、科学・工学、建設・土木、農林水産など八つの分野にわたる高度な専門技術や知識、指導経験をもつ四〇歳から六九歳までの日本国籍保有者です。派遣期間は原則一年から二年となっています。応募者数は毎年増え、技術と語学の力、そして何よりも健康であることが重要な選考基準となっています。派遣期間中、住宅手当などに加えて在勤基本手当が支給されており、青年海外協力隊のシニア版ともよばれています。

●外国人と学ぶ
——国際交流を進めるボランティアもあるんですか。

はい。長く行われているのがホストファミリー活動ですね。海外からの留学生を支援し、留学生を自分たちの家族の一員として迎える活動です。日本の理解を助けると同時に日本人の国際的な理解を増す役割も果たしています。また、有料ではなく無償の活動として、通訳を行う場合もあります。また、社会教育施設などでの日本語教室のように、外国人に日本語を教える活動も行われています。

●活動の場所別には

――いま言われたように、施設や特定の場所で行われているボランティアもあるんですね。

そうです。まず、特定の地域ということでは、市町村によっては、いろいろな地域活動が行われていますよね。たとえば、地方を車で走っていますと、突然たくさんの花が道路いっぱいに咲いていたり、駅や学校、町の中が花でおおわれていたり、こうした花いっぱい運動という活動がボランティアによって行われています。また、地域のお祭りやイベントの際にも、いろいろなボランティアの募集が行われていますよ。

特定の施設ということでしたら、たとえば、公民館での活動には陶芸の指導など公民館の講師やサークル指導、図書館での活動としては、読み聞かせや朗読、紙芝居のボランティアや人形劇団など青少年を対象とした公演活動があります。さらに、博物館では、ボランティアガイドや教育ボランティアが利用者の学習に活躍したりするほか、博物館の研究活動を支援するボランティアもいます。また、文化財の保護や史跡ガイドの活動として史跡・文化財ガイドも活躍しています。

●内容別にみると

――地域のいろいろな活動内容ごとに違うボランティアが活躍しているわけですね。

そうです。他方では、施設にかかわらずに活動しているボランティアもいます。たとえば、スポーツ指導の活動では、子ども体操クラブの指導、地域のバドミントン指導などを行う人もいます。また、野外活動の指導として、ボーイスカウト・ガールスカウト活動や登山教室指導を行ったり、野外といえば、自然観察・自然保護の活動を行うパークボランティア、自然観察指導員もいます。こうした教育活動を行うボランティアという点では、小中学生の勉強会を指導するボランティア、教育相談のボランティアもあります。

3　専門的なボランティア活動へ

――お話をうかがっていますと、ボランティアの中でも、かなり専門的な知識や技術を身につけないとできないものもあるんですね。

そうです。たとえば、科学ボランティアは、自由な発想をもつ若い人の育成をめざし、子どもたちに科学的な遊びや実験の場を提供します。その一つ、サイエンス・レンジャーは、科学技術振興財団に登録されたボランティアです。まだ、登録者数が全国で約一五〇人程度ですが（二〇〇〇年）、学校の先生、公務員、科学メーカーの社員などが活躍しており、毎年全国一五カ所で出前の科学実験を行っています。中学、高校の理科の先生が母体となる「ガリレオ工房」もそうした科学ボランティアの団体です。

観光ボランティアガイドは、観光客に観光地の魅力をくわしく知ってもらうため、観光スポットを案内したり、歴史や文化などを説明してくれる人々です。

環境ボランティアは、私たちの生活環境の保護という目的で活躍する人々です。地球の温暖化、砂漠化防止、動物や熱帯雨林の保護といった地球規模の環境保護に取り組む国際的な団体もありますし、身近なところで、公園や川で空缶拾い、雑草取りをするといった団体でも活躍しています。また、青少年に環境教育を実施する団体もあります。地域密着型の環境ボランティアは学校、地域の企業、有志が中心です。一方、地球規模で取り組む団体ではプロフェッショナルが多く活動し、国際的な環境NGOの「グリーン・ピース」、野生動物保護を行う「世界自然保護基金（WWF）」、途上国の債務と環境保護を結び付ける「コンサベーション・インターナショナル（CI）」などがあります。

国際活動を行うボランティアで最も有名なのは、国連ボランティア（United Nations Volunteers）でしょう。

国連総会の補助機関である国連開発計画（ＵＮＤＰ）が管理し、途上国の開発を支援する目的のもと、経済社会の発展だけでなく、緊急人道援助や環境保護などいろいろな分野の活動に専門的な技術や知識をもったボランティアを派遣しています。事務局はドイツのボンにあり、派遣は通常六カ月から二年、無給ですが生活費は支給されます。

こうした国際的なボランティアだけでなく、身近な地域で活動するボランティアもいます。

専門的なボランティアとはいっても、最初から専門的な知識や技術をもっていないとなれないものもあれば、講習会や養成講座、研修講座を受けてなるようなものもあります。

たとえば、動物ブームの中で将来盲導犬となる子犬を一時的に預かるパピー・ウォーカー（puppy walker）は、よく知られた存在ですし、何も特別の専門家がなるわけではなく、普通の市民の方々がボランティアとして活躍しておられます。また、博物館での研修を受ければ、館内案内や説明をするミュージアム・ナビゲーター（museum navigator）と呼ばれるボランティアもいます。

ですから特別な知識がないからといってあきらめず、そうしたボランティアのための研修講座や養成講座に参加すれば必要な知識や技術を得られるでしょう。

――ボランティアを指導したり、支えたりする仕事もあるのでしょうか？

いい質問が続きますね。おっしゃるように、ボランティア人口が増えてきた以上、ボランティア活動をしたい人がいる一方で、ボランティアが足りなくて困っている現場があります。ボランティアを探している人とボランティアをしたい人とをつなぐ仕事が、ボランティア・コーディネーターです。ボランティアの志望者を現場にふりわける人ですね。ボランティア活動支援センターや福祉施設、病院などでもっぱら活動しています。ボランティアたちがもつ喜びや不満を理解する一方で、ボランティアを必要とする現場の声にも耳を傾けることが求められる仕事です。

ボランティアの専門的な知識や技術を指導する専門家は、やはり、その研修講座の中で専門職の人たちによって行われることが多いですから、こちらはボランティアというわけにはいかないようです。

——コーディネーターになるのにはどうしたらいいんですか。

コーディネーターもまた、県の生涯学習センターやボランティア団体、ボランティアセンターで養成講座が開かれており、そうした講座の研修を終えると仕事が待っていますから、窓口にたずねてみてください。

4　参加へのヒント

——実際に、ボランティア活動をしたいと思ったら、まずどこへ行けばいいんでしょうか。

はい。その地域でのボランティア活動がどこで、いつ行われているか、またそのための養成講座や研修講座がいつ、どこであるかを知る、つまり、ボランティアの情報を集めることが第一です。その情報は、地域の役場や公民館、図書館でパンフレットで提供されていたり、インターネットで流されていたりします。また、直接活動している団体や経験者、職員の方にたずねるのもいいかもしれません。

次に、その情報の中から、自分に合った内容あるいは時間の都合を考えて、自分にあったボランティアを探していただければと思います。身近でできるか、自分に都合のいい時間にできるか、など活動しやすい条件をまず考えておく必要があります。

もし、実際にボランティアの希望を出すことになれば、採用にあたって、自分の氏名や年齢、住所、連絡先、施設との連絡法、ボランティアをしたい理由、希望する内容、活動できる時間や曜日、活動歴や学習歴、自分の健康状況や特技などをたずねられますから、最初にそうした項目をリストアップしておくと便利でしょう。

――最後に、ボランティア活動に参加するうえでの心構えってありますか？

そうですね。簡潔にまとめますと、

一つ、無理をしないで、自然に楽しむ

二つ、とにかく一度やってみる

三つ、やる以上は、活動に責任を持つ

四つ、人とのつながりを大切にする

五つ、自分にはできること、できないことがある

六つ、できごとの意味を考える

七つ、少しずつ学ぶ

八つ、やめて、次に進むことも大切である

ということになるでしょうか。無理をせず、楽しみ学び、完全を求めないことにつきるでしょうね。

――ちょっと待ってください。他のことはよくわかりますが、六つ目の、できごとの意味を考えるとはどういう意味でしょうか。

やっぱり、ひっかかりますか。実は、ボランティアの体験をしても、それが体験で終わって、経験につながらないことが多いんですよね。

――どういうことでしょうか。体験と経験は違うんですか。

はい。いろいろな人が同じできごとを体験しても、そこから多くのことを学ぶ人もいれば、まったく学ばない人もいるでしょう。その差は、できごとの意味をどれだけ考え、理解するかによってくると思います。

たとえば、助けを必要とする人が訴えを言葉にできず、否定的な身振りやふるまいで表し、一つのできごとが起こったとします。その時、もしボランティアがその意味を考えずにいたら、そのボランティアは単に怒ったり、叱

ったりという対応しかできないわけです。だけど、そのできごとの意味を考えれば、また違った対応ができるのではないでしょうか。

――それでは、どうすれば意味を考えることができるようになるんですか。

ええ。実は、ボランティアが単なる体験で終わらずに、学習につながるステップがあります。ボランティアとは何か、どんなボランティアがあるか、についてこれまでお話ししましたが、もう一つの重要な問いを考えることから それは始まると思います。

――その問いとは何ですか?

はい。私たちは、なぜボランティア活動をするのか、という問いです。この問いへの答えについては、この本の中でみなさんと一緒に考えていきたいと思います。

――どうもありがとうございました。

1章　ボランティアの学習

1　ボランティア活動から学ぶ

(1)　なぜ今ボランティアの学習が重要なのか

ボランティア活動から、私たちは何を学ぶのだろうか。

ボランティア活動の中で学ぶ知識や技術は、福祉や防災教育、地域教育、市民教育、メディア教育といった活動領域ごとに異なり、それぞれの活動に必要な知識や技能、経験を、活動前にあるいは活動の中で学ぶ。その場合、ボランティア活動から学ぶ内容は、それぞれの領域で必要な知識や技術だけなのだろうか。

もしそうした知識や技術だけなら、必ずしも、ボランティア活動という方法をとらなくても、他の方法で、それぞれの領域の専門的な学習を行う方が効率的だろう。そこであえて、ボランティア活動の体験を通じて何かを学ぼうとする理由は、それぞれの領域での知識や技術だけではない別の何かを学ぶことが期待されているからであろう。いったい、それは何だろうか。

ボランティアの学習の特徴を、学校教育や家庭教育と比較し、何が違うのかに注目すると、そこに、ボランティアの学習で学べる独自の内容が見えてくるかもしれない。成人学習の理論では一般に、学習活動を、学習の社会的背景、学習のプロセス、そして学習の場から考察するとその特徴が明確になるといわれる。

そこで、本章では、まず、ボランティア学習の社会的背景について考え、次に、ボランティア活動の特徴として、自発性という点に注目し、いくつかの自発的な活動を取りあげながら、それが学習のプロセスにおいてもつ意義を考えていくことにしたい。そして、ボランティア学習の多様な場については、2章以降の各章で考えていくことにしたい。

(2) ボランティア学習の社会的背景

① 学習社会への変化

現代の社会でボランティアの学習が強調され、その方法が重要になってきた背景には、第一に、学校中心社会から学習社会への変化がある。二〇世紀後半に提唱された生涯教育は、世界各国に生涯教育の政策をもたらした。そして生涯教育に応じて市民が行う生涯学習は、教育や学習のシステムを学校だけにとどめず、地域や企業、メディア、NPOを含め、空間や時間の枠にとらわれない学習環境を作り始めている。教育における制度や組織の変化は、ボランティアの学習の意義をいっそう大きなものにしている。

なぜなら、教育のシステムは他の社会システムと独立して働くのではなく、他の政治システム、経済システムや他の文化的領域のシステムと連動し、より全体的なシステムとしての働きを必要とされるようになってきたからである。社会があまり大きく変動せず、何十年ものスパンで変化するような時代には、青少年が予想される知識や技術に応じて、閉じたシステムの中で計画を実施していけばよかった。しかし、数年の範囲で社会が変化する時代においては、教育システムそのものもまた他のシステムの変化に応じた柔軟性が求められ、生涯にわたる教育や学習のシステムが必要となってくる。

こうした変化の中で、ボランティアの学習を論じるためには、政治学や経済学、あるいはいっそう広い文化論を必要とする。たとえば、ボランティア活動の無償性を考える際には経済学的な考察が不可欠だろうし、ボランティア活動の公共性を考えるためには政治学的なアプローチが不可欠だろう。しかし、本書ではまず、ボランティアという言葉に含まれる自発的な意志という基本的な性格、自発性を中心にその活動がもつ意味を考えたい。

② 参加型の学習スタイル

ボランティアの学習では、他の学習方法以上に学習における自発性が求められたり、教育的な目標として自発性があげられることが多い。

急速に変化する近年の社会に応じた教育システムでは、学習者が同時に生活者であり、実践者であることが前提とされる。学習の期間が生活や労働の期間と別に設けられるのではなく、生活と学習が切り離せないシステムであり、学習者が受動的な存在ではなく、より広い現実の世界や時代との積極的関わりをもつことが求められる。

従来の学校教育では、子どもが社会と切り離された学習期間や場をもつ存在として隔離されていた。そして、成人のみが生活者であり、学習者であることが前提とされていた。いまでもなおその傾向や大人による子どもたちの庇護は続いているが、しかし、子どもたちもまた現実社会に生きる存在である以上、社会から隔離された存在としてではなく、むしろ積極的に社会を学び、将来の生活者としての力や姿勢を早くから身につけることが重要であるとして、「生きる力」が提言された[1]。

それはまた、学習面でも他律的な学習姿勢より、自発的な学習姿勢の習得が奨励されることを意味する。日々の生活や現実の社会の中でも生きる意欲や働く意欲があるのなら、自然と生きるため、働くためにいろいろなことを学ぼうとする自発的な動機づけを身につけることが重視される。

実際、近年の学校教育や社会教育の現場では、学習の方法や内容において、従来の教育者から学習者への一方的な知識伝達の教育から、学習者による参加型の学習や、知識を探索して自ら新しい知を作り出す問題解決型の、双方向的な学習への方法上の変化がある。それはまた、学習者が受動的に学ぶ伝統的な教授スタイルの学習から、学習者が自らの関心や新たな問題を発見し、問題を解決したり社会活動に参加しようとする能動的な学習スタイルへの変化でもある。そこでは、学習者が単なる情報の受け手から積極的に情報を収集し、自らの生活の文脈の中で問題を考え、必要な知識や技術を生みだす作り手になることが求められている(2)。

他方、教師や教育指導者もまた、知識の権威というよりは知識の媒介者、あるいは学習者が知識や技術を生産する支援者としての役割を担うようになってきている。教育や学習のスタイルが変化してきたのである(3)。

(3) 学習スタイルの変化

① 受動型学習

従来の学校や家庭の教育では、学習とは、親や教師の指導にしたがって、強制的に行われる側面が強かった。学ぶ目的や内容、方法も他の人々が決めた範囲内で行うものであった。その内容も方法も他者が決めるこうした学習は、学習者に受動的な学習態度を習慣づけ、人から言われた知識をただ聞き取り記憶することが学習であると思い、またそのような姿勢や考え方を植え付けていった。こうした従来からの知識や技術を批判的に考えない「受動型の学習」は、確かに工業化時代の画一的な人間を形成するにふさわしいスタイルでもあった(4)。

② 対応型学習

しかし、二〇世紀後半の産業発展、情報化や国際化という急激な社会変化は、知識量の増大や専門化、文化の多様化などの状況をもたらし、従来の学校教育の限界をあきらかにし始めた。そこで、家庭や学校といった一時期の教育だけでなく、生涯にわたり学習できる教育環境を社会が整備する考え方として「生涯教育」という理念が世界へ普及した。

私たちは、家庭で、学校で、企業で、地域社会で、それぞれの教育活動を通じて一貫した教育を受けるわけでは

表1-1　学習のスタイル

受動型学習	出来事による説明
	誰それが何を誰にしたという説明。本人を受け身にしていく。責任は常に他人。一般的に自分の経験から学ばない。
対応型学習	行動パターンによる説明
	移り変わる問題と状況に長期的視野からどう対応するかを説明する。責任は常に他人。常に外部からの影響に応じて行動パターンを変えるのみ。
参加型学習	説明から問いかけへ
	知識を閉じたものとせず、より広い体系の中で不十分な知識を問い、問題を発見する。問いは続くが解決策や結果を生まない。責任は自分。自分と他者の経験と交流から学ぶ。
創造型学習	新たな知識による説明と問いかけの連続
	開かれた知識体系を作り続け、分析と総合を繰り返す。責任は自分。モノ、知、継続的な感情が創発される。

ない。それぞれの組織や集団では異なる価値観や教育目標にしたがった教育が行われている。私たちがそれぞれの集団で真面目に学習すれば、違う価値観をもったり、まったく相反する行動をとる場合も生じる。

そのとき、人は、身につけていく道徳や得られる知識において、まったくバラバラの学習をし、一貫性のない人生を送ったり、性格や経歴もまとまりのない状況が生まれる。人が人生を通じて統合された、つまり、いかにまとまりのあるような教育が可能かという問いに対し生まれたのが、「生涯教育」という理念である[5]。

ところが、この理念には、急激に変化する社会に「対応するための学習」という考え方が含まれていた。それは、受動的な学習ではないにしろ、少なくとも学習者が自発的、積極的な関心から学習活動に向かうというものではない[6]。

生涯教育の理念はさらに、学習者の視点からとらえなおされ、「生涯学習」という呼び方がなされるようになった。日本では、一九八〇年代から、その法的整備が始まり、生涯学習とは「生涯にわたって自発的に行う学習活動」であることが答申に示された。また、世界各国でも一九九〇年代には多様な類型の生涯学習の制度化が始まった[7]。

たとえば、ユネスコでは生涯学習を以下のようにとらえている。

「生涯学習は、各個人にとって知識や技能を新たにし、行動のための判断力や能力を新たにする不断の過程であって、一人ひとりに自己を知り、自らをとりまく環境を知らしめ、彼らをして仕事の上や共同体の中で社会的役割を果たさせるものでなければならない。いかに知るか、いかに為すか、いかに共生するか、そしていかに生きるかは、同じ現実の不可分の四つの側面である。生涯学習とは、輻輳した情報や事実を理解しようとする真摯な努力に裏付けられた日々の体験そのものであり、多元的な対話の産物でもある。[8]」

現実の四つの側面として紹介された生涯学習の原則は、さらに、学習の四つの柱として詳しく述べられている。四つの柱とは、「知ることを学ぶ」learning to know、「なすことを学ぶ」learning to do、「共に生きることを学ぶ」learning to live together、そして「人として生きることを学ぶ」learning to beである。すなわち、私たちがいかに学ぶかを学んで自己学習能力を身につけるか、その知識を自然体験や社会体験など多くの体験学習を通じていかに実践に結びつけるか、そしてすべて相互に依存しあって生きていることや共通の努力を行って、共に生きることを学ぶか、そして自らが人間として生きることを学ぶか、という課題である。

この四つのうち、九〇年代に新しく加わった柱が、「共に生きることを学ぶ」という柱である。地球市民教育を目的とした相互理解と人間関係の重要性を強調したこの原則について、報告書は二つの面から説明している。それらは、第一に、他人のことを理解し、自分とのちがいを知ること、そして第二に、共通目標をもって共同の作業を行うことである。人種や性といった相違点と同時に共通点を知ること、そして他者の発見の前提として自分のことを知り、対話や討論によって他者との出会いをもつことの重要性が述べられている。同時にそのためには、なんらかの形で人との共同作業を行うのが重要な学習の体験となる。スポーツ、文化活動、地域活動、奉仕活動などのような集団活動への参加を通じて、学校では教師が、地域では地域の指導者が、家庭では親が、学習者の社会参加を支援し、学習を支援する活動を行っていく事例が多く見られるようになっていく。

③　参加型学習

こうした「参加型学習」のスタイルは、受動型の学習や対応型の学習ではない、積極的で能動的な学習といえる。この参加型学習が果たす一つの教育的な意義は、ボランティア活動も含めた広い社会的活動への参加の体験をもつという点にある。ボランティア活動だけに限らず、職業体験学習や総合学習など、多様な社会的体験を教育活動の中にとりいれれば社会的体験の教育的効果が現れる。たとえば、デューイの経験主義的教育論の考え方でも、抽象的な概念学習より実際的な体験が得られ、容易に社会的な理解が得られる点、知識や学問の枠にとらわれない新しい実験を行える点、効用性が重視される点などの効果があるという[9]。

ボランティア活動そのものがもつ特性からその教育的機能を考えれば、すなわち、自発性、無償性、公共性の三原則と同時に、社会的な参加がもたらす先見性あるいは先駆性に伴う働きをあげることができる。ボランティア活動に関する定義では、基本的に前述の三つの原則をあげることが多い。しかし、社会的な参加とそれに伴う先見性についての学習は、生涯学習という視点からも非常に重要な意味を含んでいる[10]。

それは、これまでの現状維持的な学習形態から、社会的な危機を将来的に予測し、それに積極的に対応できる能力を学習できる機会となるからである。この点について、ローマクラブは、「先見性」を備えた「社会的参加」による学習形態を革新型学習と名づけ、従来の維持型学習（あるいは事件が起こってから学ぶ衝撃型学習）と区別して、次のように述べている[11]。

「社会はこれまで危機の到来を待って、革新型学習を推進する傾向があった。」

しかし、現代では、何か大事件が起こってからその問題に対処するための学習を行う時間は次第になくなりつつある。

「衝撃型学習に頼ることは極めて危険である。世界的な動きの中にはやりなおしのきかないものがあるかもしれないし、誤った選択が行われるかもしれないし、その衝撃が致命的となるかもしれない。ショックを経験してはじめて学ぶ方法では、人類の生存に致命的な結果を招くかもしれないということがようやく認識されはじめた。」

にもかかわらず、未だに過去の秩序と規則を維持する学習にこだわることは大きな問題である。

確かに、維持型学習にはそれなりの意義がある。社会の一定の水準を維持していくためには、それに必要な技能、情報、知識を伝え、発展させなければならない。しかし、社会の安定があってこその発展という考え方がすでに崩れつつある。従来の安定をゆるがす大きな危機がいくつも到来し、やり過ごして秩序を再構築することができないほどの危機的状況を迎えたのである。「過去の経験にもとづく行動様式の変化」という学習の定義自体が問われることとなった。その意味で「全世界的な問題においては、過去に学ぶよりは将来に学ぶ」という姿勢、つまり「将来への参加」という学習形態が重要となってきた、というわけである。

たとえば、日本では、学校教育と社会教育の連携や融合事業が展開され、学校教育では総合学習において、児童・生徒が積極的に授業に参加する工夫が行われる。また、大学でも問題解決学習やFD（大学授業の改善）活動において、学生の授業参加の方法がとられている。

④　創造型学習

他方、こうした参加型の学習では十分でないという考え方も、教育現場でみられるようになってきた。学校教育の総合学習の時間では、参加型学習がただ体験だけで終わっているという批判や、職場の学習ではどのようにすればより生産的な学習ができるかという試行錯誤が繰り返されてきた。特に、一九八〇年代以降アメリカの成人教育の分野で研究されてきた学習組織論は日本企業の発展の秘密を分析し、アメリカの企業力の発展に貢献してきた。また、コンピュータ技術、つまり知識を運営し、管理し、創造する技術の発展は、野中郁次郎らによってナレッジ・マネージメント（知識創造的経営）と呼ばれる新たな経営と学習の組織論へと展開していった。成人教育現場におけるこうした学習組織論と知識経営論の展開は、先進国の経済発展を計画するＯＥＣＤにも大きな影響を及ぼした。

『学習社会の知識経営』と題されたＯＥＣＤの報告書では、現代の教育が抱える課題を次のように述べている。(12)

「教育システムは、二つの主な領域でいつも抑圧的状況に置かれている。第一は、社会変化への適応である。学習社会となりつつある社会では、教育への期待がどんどん高まっている。第二は、『知識の家』と呼ばれる学校が、だんだんと他の知識資源（情報や娯楽）との競争や、そうした資源を知識生産者、知識媒介者として定義づける企業との競争に直面してきていることである。

こうして学校や他の教育機関は、知識と学習に関する二重の挑戦を受けている。第一の挑戦は、教育とその熟達者たちが学校の新しい役割を知識を基礎とする社会の構築と奉仕のうちに定義しようとすることができるか、あるいは、その社会が彼らを周辺に追いやるか？　学校が現れつつある学習社会の中で十分に正当化できるためにはどのような機能があれば十分なのか。その社会が他の行為者や機関では十分充足されないならば、もしその社会を実践していくならば、どんな革新が必要とされるか。第二の挑戦は、生じつつある挑戦に学校システムが適応するための高度な遂行能力と能力の必要性である。」

つまり、教育への期待が学習社会の中で高まりつつあるにもかかわらず、知識を提供するシステムとしての他の資源、テレビや新聞、インターネットなどが発展するにつれて、学校を含む教育の存在意義が失われつつある。工業社会から情報社会へ、そして情報社会から知識基盤社会への変化が起こりつつあり、知識が重要な価値をもつ知識基盤社会の中では、教育に新たな課題が問われているのではないかという問題提起である。

第一に、知識基盤社会における教育の役割が何か、という問題である。第二に、もし教育に何らかの役割と働きがあるとすれば、それを実施するためにはどのような革新が必要か。第三に、そのために学校や学習者はどのような能力を身につけていくことが必要であるか、という課題である。

これらの課題提起もまた、変動する社会に対応した教育の課題であり、対応的な学習課題として位置づけることもできる。しかし、問題はもっと根深く、教育システムそのものの存在価値が問われているのであり、教育システムに従来にない新たな働きが期待されているのである。それを報告書では、学習社会における知識の管理システムの構築と位置づけている。

ここで誤解されるのが、知識を「管理」するという表現であり、それは何も知識を通じての社会支配を意味するわけではないという点である。むしろ、前段階の参加型学習の流れの中で、野中らが提案する知識創造型の経営では、個人がもつ暗黙の知識の表出を行い、その知識の集団での連結から共有化を図り、再び個人の知識としての内面化を行おうとするプロセスである。

野中らの提案は、決して知識を管理するだけでなく、その創造的な管理を通じて、新たな知識を創造しようとするものである。ITのチームウェアやデータベースの利用は、こうした知識の共有化に適した労働環境や学習環境を生じつつある。

阪神淡路大震災や福祉ボランティア、そして各種のNPOの活動の中で、実際のボランティア活動の中では、学校では学べない新たな知識や技術が生み出されてきている。

一九九〇年代以降の教育学や認知心理学、発達心理学の研究の中では、こうした学習を「創発的学習」あるいは「生成的学習」と呼んでいる。筆者は、知識創造型経営のモデルを用いて、こうした新たな知識を生み出す学習を「知識創造型学習」と呼んでいる(13)。

これまでの創造性の概念の研究の中でベルクソンは、創造性や創発の重要性を述べ、その中で知識や意味が生成されていく過程を論じている。また、暗黙知や個人的知識の論を展開したポランニーも、知の生成における創発という概念の重要性を論じている。

表1-2　学習のプロセス

受動型学習	示された知識や技術を言われたまま学ぶ
↓	
対応型学習	問題が生じた時だけ必要なだけのことを学ぶ
↓	
参加型学習	能動的な学習者としての態度と問いを学ぶ
↓	
創造型学習	自ら知識や技術、社会を創る方法を学ぶ

創造的な学習への変化において重要な点は、第一に、学校教育や家庭教育だけでは十分に引き出せない学習者個人の可能性を具体的な学習方法の改善や開発によって引き出し、生涯にわたる人としての内在的な価値を高める可能性をもつということである。第二に、こうしたシステムやプログラムでは、個人学習の形態と同時に共同で行う学習形態が重視されるとともに、自己啓発や集団への積極的な関わりにおいて、学習者の自発性や自律性がますます求められるようになるという点である。この二つの点において、ボランティアの学習はさらに重要な意義をもつ。

以上の学習スタイルの変化をまとめると、表1-2のようなプロセスになる。

2　自発的なボランティア学習

(1)　自発的な学習

対応型の学習から、参加型の学習への移行に際して、最も重要な学習者の特徴は、自発性である。前述の知識社会論や学習組織論の中でも、学習者が自発性を身につけることを知識社会や優れた学習組織の前提条件としている。

個の自発性が全体のシステムを作り出すのである。

自発性は、ボランティア活動がもつ代表的な行動の特徴でもある。自発性という特徴がなければ、ボランティアという言葉自体を用いる必要もない。公共性を伴う社会奉仕はボランティアでなくてもよく、公共自治体の職員やサービス業従事者をはじめ

表1–3　自発性の周辺的な類似概念

類似概念	鍵概念	意　味
自発性	動機	自分の意志から進んで行動すること
自律性	規則	自分の規律に従って行動できること
自主性	判断	自分の判断で行動すること
自立性	独立	他に頼らず生きていけること

とし、奉仕業務から収入を得る専門的職業もある。また、無償の社会奉仕活動であっても、それが社会からの強制的な命令の下に行われるなら自発的な意志のない活動であり、言葉の本来的な意味でのボランティアとは呼べない。企業利益の社会的還元として行われる無償の社会奉仕はむしろ、寄付活動や社会貢献活動という種類のものであろう。

ただ、自発性と類似した概念には、自主性、自立性、自律性などがある。表1–3は、それぞれの概念の意味とそれぞれの概念を特徴づける鍵概念を整理したものである。

それぞれの類似概念が実は、深い関連性をもっている。自分の意志で進んで行動しようとする動機を形作るためには、他者から押しつけられたルールや判断ではなく、どれだけのことを自分で決めていけるかという自己の裁量が必要となる。そして、自分が大きな裁量をもとうとすれば、時間やお金をどのように使えるか、また自分がどれだけの人や物を動かせるかという独立した力が必要となる。そうした力や裁量、つまり、自主性や自律性、自立性を得てはじめて、自らの意志で進んで事を行おうとする意欲も湧いてくるからである。これを心理学では、自己統制感（locus of control）と呼んでいる。

自己統制感を高めるためには、自分が行ったことに対して、報酬や賞賛、そして信頼といったなんらかの社会的評価を得ることが重要である。高い社会的評価を得ることが自分自身への信頼感を増し、物理的な報酬や社会的信頼がますます自立性、自律性、そして自主性を高めていく。

逆に、行ったことに対してまったく何の社会的評価もない場合、自分自身への信頼、つまり、自信を失いやすい。そのような場合、自己統制感が小さくなり、自主的な判断力も弱まって、自律的な意思決定もできず、人からの命令への従属性が高まっていく。

もし、人の自発性を高めようとするなら、その人に対してなんらかの形で経済的・社会的に自立できる機会や、自分で意思決定する機会、そして自主的に判断できる行動の機会が与えられる必要がある。そうしたチャンスにその人がよく応えていけば、さらなるチャンスが巡り、自己統制感が高まってますます自発的に行動を起こす習慣が身につくこととなる。つまり、自己統制という「感覚」を得るには、「現実の」裁量権、独立できる力、ルールを決定できる機会と権利が必要なのである。

生涯学習の視点では、学校教育を含めて人生のどこかで失敗した人に、失地回復の機会を提供することが社会的に求められている。その意味でも、まず、自分の意志から進んで行動できる参加と学習の機会が、自発性を高める第一歩として重要なのである。

(2) ボランティア学習の目標

そこで、自発的に参加することを第一歩としたボランティア学習のプログラムを組むとき、最終的には、ボランティア学習が創造的な活動にいたるような目標を設定していく必要がある。

そうした学習の目標を考えて、ボランティア活動の魅力をもう一度とらえ直してみよう。

ボランティア活動の魅力ある特徴として、早瀬昇はボランティア活動の長い指導経験から次のように述べている[14]。

「ボランティア活動とは、まさに〝開く〟体験だ。同じテーマに関心をもつ者同士の出会いでありながら、しかも『身内』にとどまらず、さまざまな未知の人々とどんどんつながっていく。『共感』という連結器は、年齢や国籍や、時には障害の有無といった壁をも越えていく。そして、仲間とともに役割も得られる。自分の特技を生かせる機会がある。そんな魅力にあふれている。」(早瀬、一九九七年)

この特徴から、自発的に動くという行動的な目標をボランティア活動の学習目標として設定していくことにした。

表1−4　ボランティア学習のねらい

①参加する：	ボランティアは、積極的な関わりに始まる
②展望する：	ボランティアは、世界全体を見る
③解放する：	ボランティアは、シバリから自由である
④注目する：	ボランティアは、問題に関心を持つ
⑤つながる：	ボランティアは、絆（きずな）を結ぶ
⑥共有する：	ボランティアは、経験をわかちあう
⑦成長する：	ボランティアは、自分を育てる
⑧創造する：	ボランティアは、新しい社会を創る

自発的に動く行動は、すべて自動詞で表現できるが、すべての自動詞の目標をボランティア活動の目標として設定するとその数はあまりに多い。その中から、ボランティア活動の特徴を示すものとして考えていくと、たとえば、前述の文からは、「開く」、「つながる」、「特技を活かす」、「役割を得る」などがあげられる。[15]

これらの自動詞に加えて、ボランティアを創造的な活動とするための条件として、プリゴジンの理論（散逸構造論）を適用し、平衡構造（動きのない人間関係）ではなく新たな動的な構造（新しい変化する人間関係）と自己を作り出すための条件を行動目標として設定しよう。動的構造を生む三つの条件は、開かれた行動を取ること（open behavior、参加する、展望する、解放する）、ダイナミックな関係をもつこと（dynamic links、注目する、つながる、共有する）、自分や他人との関係の中で肯定的な応答を行っていくこと（positive feedback、成長する、創造する）である。そこで、表1−4に示したような学習のねらいを設定した。[16]

①　**参加する**

ボランティアは、積極的な関わりに始まる。

ボランティア活動の第一の意義は、いろいろな活動に自分から積極的に参加し、人や社会と主体的に関わろうとする点にある。

人から言われてではなく、自分から関心をもって行動することに、実は重要な意味がある。自分から主体的な関わりをもち、積極的な行動や関心をもつことを、社会学の専門用語では自己投与（コミットメント）と呼ぶ。このコミットメントがあるかないかが、ボランティアの学習への大きな動機付けとなるのである。好きこそものの上手なれ、である。

基本的にコミットメントとは、相手との関係を維持していきたいという決意である。その決意があるときには、相手からの見返りの有無にかかわらず、相手を世話することの喜びを含んでいる。だからコミットメントをもつこと自体によって、対象との関係を続けるという行動が続くことになる。

コミットメントをもった対象との間に、共通の感情、経験、言葉や知識を共有化するに従い、コミットメントはさらに高まっていく。ボランティアが関わろうとする集団や施設、仲間や活動の相手の人々から、関わりをもった結果として、肯定的な言葉や行為などの応答があるとき、あるいは努力の結果としてなんらかの肯定的な変化があるとき、ボランティアはますますその活動への関わりを深める。相手への積極的な関心や関わりは、相手からの応答があってこそ長続きする。

だからもし、応答が減少していけば関わり自体も失われることも確かなのである。ボランティアとして活動したいという多くの市民の希望があるにもかかわらず、その希望に応えられる場はまだ少ない。

とりわけ、福祉領域のボランティアは多くの活用の場があるが、その他のボランティア活動、たとえば生涯学習活動の領域で学習ボランティアとして活用する場は、表1-5に示したようにまだまだ少ない(17)。いろいろなボランティアが活用される場をどのようにして広げていくかが、これからの重要な社会的課題となっている。

② 展望する

ボランティアは、世界全体を見る。

家庭や学校、あるいは職場という限られた日常的な生活の世界を離れて、それ以外の社会的な活動に参加していくと、日常的な生活世界では見たり、考えたりしなかった世界を見たり、体験するようになる。

これは、よりいっそう広い世界あるいは社会のシステムを考えるという意味で、木を見て森を見ない部分思考で

表1-5　学習ボランティア活用の場

活用の場	%	n
教育委員会や公民館などの学級・講座に講師	58.2	64
住民の要望する学習内容に応じて、講師として派遣している	43.6	48
教育委員会や公民館などの集会・行事に講師	31.8	35
学校五日制などに対応して学校外の活動に協力、参加	30	33
登録者が独自に学級・講座などを開催している	27.3	30
他部局の行事や活動にスタッフとして参加	12.7	14
学校の授業の中で社会人講師として登用	10	11
調査研究の委員として	4.5	5
その他の活用場面	8.2	9

出典：国立教育研究所「ボランティア・バンクの活性化に関する調査」平成７年。

はなく、森全体から木を考えるようなシステム思考を私たちにもたらしてくれる。システム思考は、日常生活を改善する上でいろいろなきっかけを与えてくれるものの見方である。

「自分自身と世界とを別個のものとみる態度から、世界とつながっているとみる態度へ。問題の原因は『よその』だれか、または何かから来ているとする態度から、自分の行動が目の前の問題を生み出しているのだとする態度へ[18]」

いろいろな問題に私たちがぶつかったとき、世界全体から展望するようなシステム思考は多くのヒントを与えてくれる。それが「てこ」のように働く役割は、レバレッジ（てこ）の原則と呼ばれている。「システム思考は同時に、小さくてもツボを押さえた行動は、適切な場所でなら、重要な持続する改善を生むことができると教える[19]。」

「困難な問題と取り組むということは、しばしば、ハイ・レバレッジのある場所、すなわち、効果的作用点をとらえるということである。最小の努力による一つの変化が、持続する意味深い改善につながる場所」、それがレバレッジである。

たとえば、地域社会の問題は国全体の問題と、国全体の問題が地球社会とつながっていることを考えてみればいい。自分の問題や行動が家族や社会、そして広くは世界とつながっているというワイドな社会的な展望をボランティア活動がもたらしてくれる。

③　解放する

ボランティアは、いろいろなシバリや拘束から自由になる。

展望することによって考え方を変えるということは、行動の仕方を変えていく可能性を与えてくれる。ボランティア活動への参加によって、いつもの日常生活と異なる世界へ入ったとき、私たちは世界には異なったルールや考え方があることに気づく。私たちを縛っているいろいろなルール、制限を受動的に受け取るのではなく、それから一度解放されることによって、そうしたルールや制限のもつ重要性をもう一度考え直せる。

またボランティア活動自体にも拘束される必要はない。ボランティア活動は、自分がやりたいからするのであって、もし、やる気がなくなれば続ける必要はない。その活動は、まったく自由であり、特に拘束を受けてする活動ではない。特に、一つの種類の活動に限らず、多様な活動を経験していくと、自分がいかに固定化されたイメージや概念にとらわれているかがわかってくる。

こうした固定化した概念をメンタルモデルと呼んでいるが、それは世界をどう見て意味づけているか、その結果としてどのように行動するかに大きな影響を及ぼしている。「人は信頼できない」と考えたり、「ボランティア活動のためには自分を犠牲にしなくてはならない」と考えたりするようなメンタルモデルから、まず一度解放されること、自分のメンタルモデルを見つめ直すこと、極度な抽象化や一般化を行ったり、逆にあまりに具体的なものにとらわれることから解放される機会を、ボランティア活動はもたらしてくれる。

④　注目する

ボランティアは、問題に関心をもつ。

ボランティア活動を通じての社会への参加は、いろいろな事件や問題、出来事、そして人間そのものに注意を向けることを促す。

参加したい、知りたいという自発的な動機は、関連する記憶（先行経験）と密接に関わってはいるが、そこから何をどんな価値観で選択していくかという、主体的な関わりによる知識の獲得の過程でもある。

特に、「人が何かに注目することから問題の発見が始まる」という発見の知識哲学を展開したM・ポランニーによれば、知識の獲得、つまり、知ることには三つの中心がある、という。[20]

第一に、焦点的目標（a focal point）である。これは、私たちが何を問題ととらえるか、何に注目するかという点である。

第二は、その問題をとらえる手がかりである。焦点を当てた目標がもつ手がかりに意識を向け、それに従うことで、そこから別の何かに注意を向けていく。寝ているときに、突然の物音で眼がさめる。その物音を聞き分けることで、それが何の物音かを判断して次に自分が何をするかを決めていく。足音だとしたら、「泥棒だ」と判断してそれを確かめようと起きるのである。

第三の中心は、手がかりから意味を発見する個人である。焦点的な目標と手がかりを参考にして、個人がその目標の意味を知るのである。

何かに焦点を当てて情報を収集したり体験し、ヒントや手がかりから、意味をもつことの結果として、知ることができる。モノのもつ臭い、形、色、道具を通じて得た感触、その他の詳細な手がかりから、そのモノを私たち自身にとって重要な意味にまとめるのが「知る」という行為なのである。

このさまざまな経験から意味を構成する道筋は、そうした経験とともに始まるというよりは、そうした経験に対する選択的注目から始まる。動機付けとは、いろいろな情報があるとしても、どのような情報や知識、そして人や物事に注目するかという働きをすることである。この動機付けが自発的に行われ、その結果からいろいろな断片的な情報をまとめていくときに、私たちの知識が形作られていく。その知識を形作るうえで重要なもの、そして注目の出発点となるものが、私たちの身体である。

「知的であろうと実践的であろうと、外界についての我々のすべての知識にとって、その究極の装置は我々の身体である。我々が目覚めているとき、外界の事物に注目するためにはいつも我々は、その外界の事物と我々の身体との接触について我々がもっている感知に依拠している。[21]」

ある人や出来事に注目し、その出来事を深く考えたり、実際にその人の行っていることと同様のことをすることによって、その人や出来事について少しは詳しく知ることができるようになる。出来事や問題を自分の問題に引き寄せて考えたり、あるいは人の気持ちに感情移入したり、人の知識や考え方を内面化するのである。参加し、注目することは、人や社会とのつながりを作りだし、知識や経験、感情の共有化がその行動から始まる。

⑤ つながる

ボランティアは、絆《きずな》を結ぶ。

家族の絆、友だちとの絆、職場との絆やつながり。電話をかけたり、手紙を書いたり、声をかける。返事があれば、つながりがあると感じる。つながりをもつとき、人は安心する。つながりを失うとき、人は不安になる。ボランティア活動は、身近な人との深いつながりだけでなく、自分とは違う世界にいる人とのつながりを積極的に広げていく。人と人とのつながりは、近年、大きな変化を迎えている。

社会学者アンソニー・ギデンズは、『親密性の変容』という著書の中で、二〇世紀後半、世界の人のつながり、人間関係の質が大きく変化したことを示した。家族、職場、地域の人間関係のありようが、交通網の発展、大家族から核家族へそしてシングル世帯の増加、性的道徳の変化、携帯電話やインターネットなどのメディアの普及により急速に変わってきたのである。彼は、こうした世界の変化を「暴走する世界」と表現し、そこで人間関係を「良い関係」にするための対話の重要性を述べた。

「私生活をたばねる旧式のきずなが、愛情におきかわった三つの関係がある。すなわち、性的ないし恋愛関係、親子関係、親友関係の三つである。これらの関係を分析するのに、『純粋な関係』という概念を使うことにしよう。その意味するところは、おたがいのコミュニケーションが双方に利得をもたらすがゆえに持続される、情緒的コミュニケーションにもとづく関係である。[22]」

情緒的なコミュニケーションでは、互いに相手のことをよく知り合うための情報の開示が大切な条件となる。もし、互いのことを知らなければ、関係は作れない。そのために最も大切な活動が、互いに等しい立場に立つ対話なのである。対話の大前提は、胸襟を開くこと、相手をまず一人の人間として接し、相手についてよく知ること、そこからはじめて信頼関係を樹立でき、つながり作りの中で相手の大切さが見え、相手を尊重する心が生まれる。ボランティア活動は、そうした人と人とのつながりを生み、絆を強める、きわめて現代的な社会参加活動なのである。

⑥　共有する

ボランティアは、知識や感情、経験をわかちあう。

私たちが学ぶ知識や技術には、自分がもつ個人的知識、社会で一般化している社会的知識、その時のみに役立つ一時的知識からいつでも役立つ普遍的知識、専門家や業界人が用いる専門的な知識とその分野の基礎的知識、あるいはその地域でだけ通用する文化的な知識、国際的に役立つ国際的な知識、標準化された知識もあれば状況に応じて基準が変わる知識などがある。

ボランティア活動の中では、同じ時間や場所を過ごし、同じ体験を通じて、仲間やボランティアの対象者との間に共通の話題や感情ができていく。それがまた、前に述べたコミットメントを深めていくのだが、同時に、そうした知識や感情、体験の共有を通じて、互いの絆もまた深まっていくのである。

それは過去の体験だけでなく、これから何をしていくか、未来へのビジョンや計画という点でも同様のことを考え、実行していくことができる。ビジョンや計画を一緒に作ることによっても、知識や経験が同じものとなり、何かを成し遂げたという達成感へとつなげていくことができるのである。

⑦　成長する

ボランティアは、自分を育てる。

以上の活動を通じて、人や社会への積極的な関わり、世界への展望、自由な視点、問題への関心、人との絆、経験や知識のわかちあいなどから、ボランティアは、自分を育てていくことができる。

自分の成長を考えるとは、自分にとって何が大事かをいつも考え、自分の性格、できること、やりたいことや生き方についてもっと知ること、それは、将来的なビジョンや計画をもつことである。そのビジョンの実現のためには、自分ができる方法や技術を身につけ、学習に心から取り組んで、自分の発達を考えていくことでもある。

その際に重要なもう一つの点は、知的な発達と同じくらい、感情の発達を心がけることであろう。ボランティア活動から得たいろいろな感動だけでなく、日常の生活の中でも音楽や映画、行事に参加する中でいろいろな種類の感動を得ていきたい。

しかし、自分が思っていたとおりには、実際の成長はなかなか思うようにいかない場合もある。その場合には、自分がもっている理想と現実のギャップをバネにして、悔しさをエネルギーに変え、失敗から学んでいくことが重要だろう。

⑧　創造する

ボランティアは、新しい知識、自己、社会を創る。

ボランティア活動の中で新しい知識を学び、感動を得て、自分が成長するとは、新しい自分を生み出すことでもある。そうした新しい自分になることが、新しい社会を創っていく第一歩ではないだろうか。

また、すでにある知識を学ぶだけでなく、新しい知識を創るとは、身近なところで新しいアイデアを生んだり、ちょっとした工夫を仕掛けていくことでもある。ボランティア学習のプログラムの過程では、そうした新しいアイデアや学習者の意見をくみ上げていく工夫が必要となる。知識を創発する基本的な条件が自発性にあることは、多くの研究者が述べている。[23]個の自発性がボランティア個人や学習者、そして集団の自己組織性や自己組織化をもたらし、新しい知識、アイデア、ルール、プログラム、そして政策や社会を創りだしていく。「個の自発性が全体のシステムを作り出す」のである。

ボランティアの学習は、生涯にわたる市民としての基礎的な力、自発性を学ぶ重要な学習プログラムなのである。ボランティア学習のねらいだけではなく、プログラムを計画するうえでは、さらに次のような諸点を含めてプログラムを作っていく必要があるだろう。[24]

①学習のねらい：ボランティア活動の学習目標は何か。
②学習の内容：ボランティア活動から具体的にはどのような考え方、知識と技術、人間関係を学ぶか。
③学習の支援者：学習者に加えて他にどのような支援者が必要か。
④ボランティア活動の対象：それぞれのボランティア活動がどのような人々を対象として行われるか。
⑤ボランティア活動の場所：活動をどのような施設や行事で実施するか。また学習者の活動に応じたスペースは用意されているか。
⑥ボランティア活動の時期：活動を行う時期や時間はいつか。また、どれくらいの頻度で実施するか。そのために学習者や指導者、支援者は、どのような打ち合わせを要するか。
⑦ボランティア活動のプロセス：活動の実施前の募集や準備、実施中の必要事項、実施後のふり返りや記録をどうするか。

⑧ボランティア学習の経費：交通費や教材費、食費を、活動施設や主催者とどのように配分するか。

⑨ボランティア学習の評価：事前、過程、事後の評価を学習者、支援者、協力者がどのように行うか。その内容を書面や活動録としてどう保存し、他の学習活動と結びつけていくか。またその後の活動の継続や学習者の成長をどのように支援するか。

こうしたプログラムは、最後の項目でも検討しているように、それぞれのボランティア活動の内容や方法によって異なるだろう。しかし、ボランティア学習のプログラムは、それ自身を完結したものとするのではなく、他の学習や教育のプログラムとの関係づけを行うことによって、学習の相乗的な効果をよりいっそう図る必要性があるだろう。

注

（1）中央教育審議会「21世紀を展望した我が国の教育の在り方について―子供に［生きる力］と［ゆとり］を」一九九六年。

（2）参加型学習が展開され始めた背景には、学習への参加だけではなく、行政全般や地域作りへの社会参加が大きな流れとなっている。こうした歴史的流れがたとえば、次の答申にも反映されている。生涯学習審議会答申『社会の変化に対応した今後の社会教育行政の在り方について』（平成一〇年）では、社会教育行政における住民参加の推進として「社会教育委員の制度を積極的に活用するほか、社会教育施設の運営をはじめとする社会教育行政に、多様な方法により住民参加を求めることが必要である」と述べ、住民参加の推進に関する項目を設け、「地方公共団体は、これまで以上に社会教育行政の政策形成過程に住民の意思を反映していくことが求められることから、社会教育委員の制度等を積極的に活用していくことが必要である。また、社会教育施設の運営は、それぞれの施設が地域の実情に応じた適切な仕組みを工夫し、その運営に住民参加を求めていくことが必要である」としている。さらに、「今後の社会教育行政は、住民の学習活動の支援という観点とともに、地域づくりのための住民の社会参加活動の促進という観点を加味して推進する必要がある」と社会参加を奨励している。

（3）立田慶裕編『生涯学習社会における知識創造型学習に関する総合的研究』二〇〇二年、科学研究費基盤研究一般B報告書。本研究では、知識創造型学習研究でのスウェーデンをはじめとしたヨーロッパ教育のプログラムを能動的な学習スタイル研究の先進的事例として紹介している。

(4) ユネスコ国際会議の要約を行ったヒーリーは、学校教育の限界について次の諸点をあげている。「①現在の学校教育制度は、教育はあるところで完結するものだという体制をとりすぎているために、今日では、その意味を失い始めている。②現在の学校教育制度のもとにおける学習は、あまりに過去を志向しすぎている。③現在の学校教育制度は、教育訓練を通して、ひとりひとりの成長と発達に貢献しようとするよりは、むしろ、少数のものを選び出して、その人たちだけの成長を奨励する仕組みになっている。④現行の教育制度のもとでは、以上のような理由から、ほとんどの学生が、(イ) 自分たちの教育は学校を卒業することによって終わったのではなく、新たにはじまったばかりなのだという事を気づかないままに、(ロ) また、自ら進んで自己学習を続けるのに必要な技術を身につけないままに、(ハ) そしてまた、自分で勉強を続けようなどという意欲をほとんど持たないままに、学校から出ていっている。」(A・S・M・ヒーリー「ユネスコと生涯教育理念」同、諸岡和房訳『現代の成人教育―その思想と社会的背景』日本放送出版協会、一九七二年、二一八頁)

(5) ポール・ラングラン、波多野完治訳『生涯教育入門』全日本社会教育連合会、第一部、一九七六年、第二部、一九八一年または P・ラングラン他著、新堀通也・原田彰編訳『世界の生涯教育』福村出版、一九七二年。ラングランについては、山本慶裕「ポール・ラングランの生涯教育論：再考」『世代間交流による高齢者の社会参加促進に関する基礎研究―論文・資料集』所収論文、長寿社会開発センター、一九九五年、九五―一二二頁。

(6) ラングランの提唱した生涯教育論が変化する社会への適応を重視しているという批判の例としては、波多野完治(『続・生涯教育論』小学館、一九八五年)をはじめとした一九八〇年代の幾多の生涯教育論批判がある。

(7) 生涯学習とは、「生活の向上、職業上の能力の向上や、自己の充実を目指し、各人が自発的意志にもとづいて行うことを基本として、必要に応じ、可能なかぎり自己に適した手段及び方法を自ら選びながら生涯を通じて行い、学校や社会の中で意図的、組織的な学習活動として行われるだけでなく、人々のスポーツ活動、文化活動、趣味、レクリエーション活動、ボランティア活動などの中でも行われるもの」(「生涯学習の基盤整備について」中教審答申、平成二年)とされる。この学習者個々人によって行われる生涯学習の振興や支援が国や地方公共団体の任務となるが、生涯学習における学習者の自発性を尊重するという点については、「生涯学習の振興のための施策の推進体制等の整備に関する法律」(平成二年)で、「第2条　国及び地方公共団体は、この法律に規定する生涯学習の振興のための施策を実施するに当たっては、学習に関する国民の自発的意思を尊重するよう配慮する」と記されている。

(8) ユネスコ二一世紀教育国際委員会、天城勲監訳『学習—秘められた宝』ぎょうせい、一九九七年、七九頁。
(9) ジョン・デューイ、市村尚久訳『学校と社会・子どもとカリキュラム』講談社、一九九八年。立田慶裕「発達段階に応じた体験学習」兵庫県立教育研修所『兵庫教育』No六〇八、二〇〇一年一〇月号、二四—二九頁。
(10) 山本慶裕『生涯学習のボランティア・バンクに関する調査研究』科学研究費補助金一般研究(B)中間報告書、一九九六年。ボランティアと社会奉仕体験学習の定義の相違は、「ボランティア活動は、個人の自発的意志に基づく活動であるのに対し、社会奉仕体験活動は、自発的意志に基づく活動はもとより、非自発的意志に基づく活動も含まれる。」また、体験活動とは「日常得にくい体験を目的として行う活動」であり、そこにもボランティア活動は含まれる(国立教育政策研究所社会教育実践研究センター『青少年とボランティア活動』二〇〇二年、三二頁)。
(11) J・W・ボトキン他、大来佐武郎監訳『限界なき学習—ローマクラブ第6レポート』ダイヤモンド社、一九八〇年。
(12) OECD, Knowledge Management in the Learning Society, OECD, 2000.
(13) 立田慶裕他『生涯学習社会における知識創造型学習に関する総合的研究』国立教育政策研究所、二〇〇二年。
(14) 早瀬昇「私にとってのボランティア」巡静一・早瀬昇『ボランティアの理論と実際』中央法規、一九九七年、一八頁。
(15) 動詞を学習プログラムの方法として活用した例としては、第一回および第二回の全国ボランティア活動推進連絡協議会の例(文部省『ひろがるボランティア活動』一九九七年、ぎょうせい)がある。たとえば、育む:研修や専門家の養成、結ぶ:ボランティア活動と情報提供、認める:ボランティア活動の評価、創る:施設とボランティア活動、学ぶ:青少年とボランティア活動、参画する:高齢社会とボランティア活動などの例がある。またその意義については、平沢安政『概念で学べ—動詞で学ぶ人権』(立田慶裕・鍋島祥郎編『勉強せぇ—学びに関する12のエッセイ』所収、二〇〇三年、日常出版)に詳しい。
　さらに、筒井が示す次の機能は、ボランティアコーディネーターの養成プログラムの参考となる。①受け止める:ニーズの受け止め、②求める:ボランティアやプログラムを求める、③結ぶ:関係の調整や配慮、④高める:訓練や助言、提案、⑤創る:グループ化や交流、場作り、⑥まとめる:統計や意見の記録と評価、⑦知らせる:情報提供や報告、⑧集める:予算や情報の収集(筒井のり子監修執筆『施設ボランティアコーディネーター』大阪ボランティア協会、一九九八年)
(16) 散逸構造(dissipative structure)については、プリゴジン・I・スタンジェール、伏見康治他訳『混沌からの秩序』みすず書房に詳しい。与えられたシステムとその環境との相互作用から生じる新しい自発的で動的な状態を散逸構造という。プリゴジンの提唱した散逸構造論によれば、熱力学の第二法則が支配する宇宙でも、一定の条件下では平衡構造にはない新たな秩序と構造が出現しうる。その条件は次の三つである。第一は、生命が外部環境に対して開かれていること（開かれた系）である。第二は、その生命と外部環境との間に大きな情報やエネルギーの流れが存在し、生命やシステムの内部にゆらぎ（fluctuation）が生じることである。第三は、生命の中にゆらぎを強化し、加速するプロセス（進化的フィードバック）が存在する。

プリゴジンは、これらの三つの条件下で秩序と構造が自然に発生してくる現象を自己組織化と呼び、自己組織化を遂げる存在を散逸構造と呼んだ。創発的な生命とはまさに散逸構造を持つ存在であり、この場合、非平衡の状況が秩序を生む。ゆらぎが生じるシステムのもとでは、既成の秩序が変化し、新たな秩序を生成する。

(17) 山本慶裕『市区町村における生涯学習ボランティア・バンクの活性化に関する実証的研究』科学研究費補助金一般研究（B）研究成果報告書、一九九七年。

(18) P・M・センゲ、守部信之訳『最強組織の法則』徳間書店、一九九五年、二一二頁。

(19) 同前、八五頁。

(20) リチャード・ゲルウィック『マイケル・ポランニーの世界』多賀出版、一九八二年、九〇―九一頁。

(21) マイケル・ポランニー、佐藤敬三訳『暗黙知の次元』紀ノ国屋書店、一九八〇年、三三頁。

(22) アンソニー・ギデンズ、佐和隆光訳『暴走する世界』ダイヤモンド社、二〇〇一年、一二四頁。

(23) 立田慶裕他『生涯学習社会における知識創造型学習に関する総合的研究』国立教育政策研究所、二〇〇二年。

(24) 筒井（前掲書）を参考にボランティア学習のプログラムの場合を考えた。

2章　ボランティア教育の現状と課題

1　教育改革とボランティア

阪神淡路大震災における活躍を背景に、ボランティア活動は人々の関心と評価を高めた。この出来事が契機となって、ボランティア活動の法的支援を目的とするNPO法が成立した（平成一〇年三月）。ボランティア活動に対する人々の考え方が変わってきたことから、教育の分野でもボランティア活動の意義が見直され、文部省「教育改革プログラム」（平成九年一月策定、平成九年八月及び平成一〇年四月改定）、中央教育審議会第一・二次答申（平成八年七月、平成九年六月）等でボランティア活動の促進が提言された。このように、教育改革の新たな柱としてボランティア活動が脚光を浴びているのは、今日の教育が抱える様々な問題―いじめ、不登校、非行、凶悪犯罪、過度の受験競争―等を解決するための、具体的な手立ての一つとして期待されているからである。また、中教審第一次答申は、これからの教育の在り方として「ゆとりの中で、生きる力をはぐくむ」という基本的方向を掲げた。家庭・地域社会の仕組みや人間関係について考え、学校で学んだ知識を生かす体験学習の場であるボランティア活動は、子どもの「生きる力」を伸ばす上で大きな役割を果たすと思われる。

現在、「学校にボランティアを」の声が高まる中で、多くの学校はボランティア活動を教育に取り入れている。そして、学校の勉強を離れ、児童生徒のボランティア活動を校区内の病院や障害者施設で実施する学校が徐々に増えてきている。一方、外部から学校を支援するボランティアの動き（学校支援ボランティア制度・学校ボランティア推進基金の設立等）も出始めた。高等学校では、平成一〇年度から、ボランティア活動が卒業単位として認定されることとなった。

しかし、学校教育におけるボランティア活動の位置づけや学習は、まだスタートしたばかりで指導方法や内容は必ずしも確立したとはいえない。ボランティア活動についての児童生徒の考え方や教員の意識等も検討する必要がある。

そこで、本章ではボランティア活動にかかわる意図的・計画的な教育活動をボランティア教育ととらえ、アンケート調査結果の分析をもとにボランティア教育の現状や課題を明らかにするとともに、これからの在り方を考察する。

2　ボランティア教育の現状——小・中学校のアンケート調査結果から

(1)　調査の概要

① 目　的

ボランティア活動についての児童生徒や教員の意識、ボランティア教育の取組みを把握することを目的とした。

② 対　象

埼玉県内の各教育事務所単位で抽出した小学校二五校、中学校一五校にアンケートを依頼した。対象は児童生徒（小学五年生、中学二年生）、教員、学校長である。

③ 方 法

質問紙による方法で平成八年九月下旬に実施し、郵送等により回収した。

アンケートの種類、回答者数は次のとおりである。

a 児童生徒 小学五年生 八三八名 中学二年生 五三九名 計一三七七名

b 教員 小学校教員 五四〇名 中学校教員 四〇三名 計 九四三名

c 学校長 小学校長 二五名 中学校長 一五名 計 四〇名

(2) 児童生徒の意識

① ボランティア活動の理解度

「ボランティア」という言葉を知っている児童生徒は小・中学校共に九割を超え、極めて高い数値となっている。小学生では九六%、中学生では九九%が、ボランティアという言葉を知っている。

一方、ボランティア活動についてどのようなイメージを持っているかを尋ねた結果では、「困った人を助ける活動」「世の中や人のためにする活動」「多くの人と交流を深めることができる活動」「自分から行う活動」「お金をもらわないで行う活動」と考えている。つまり、まずは、他の人を助けたり、社会に役立つ活動であること、そして、同時に、それが他の人との交流を生み、自発的で無償の活動であることを理解している（図2-1）。

② 活動内容と動機

これまでに体験したボランティア活動の内容は、「募金活動」「乗り物の中で席をゆずる活動」「空き缶や牛乳パックなどの回収活動」「清掃・美化活動」等が多数を占めている（図2-2）。その動機を尋ねた結果では「学校の

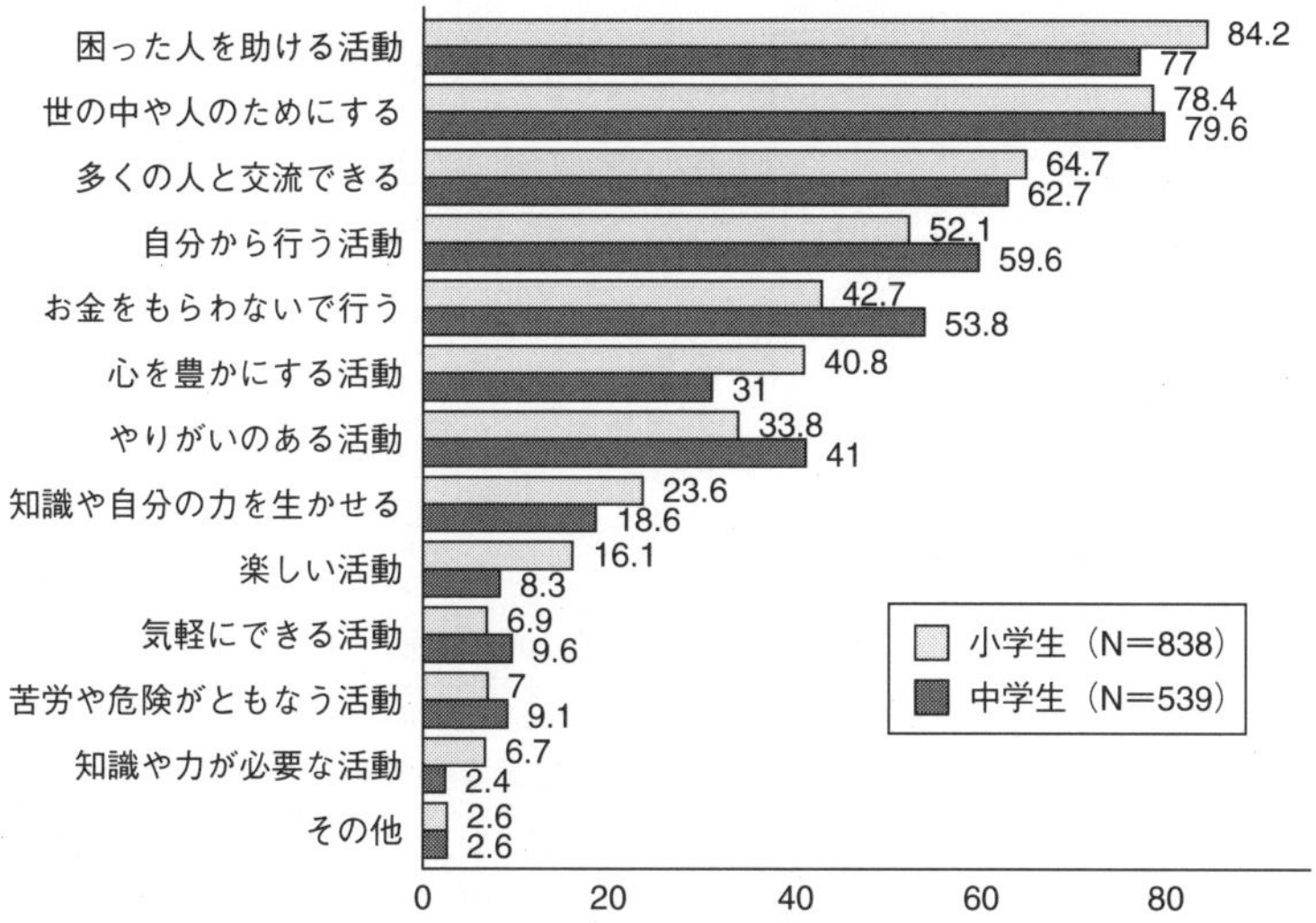

困った人を助ける活動
世の中や人のためにする
多くの人と交流できる
自分から行う活動
お金をもらわないで行う
心を豊かにする活動
やりがいのある活動
知識や自分の力を生かせる
楽しい活動
気軽にできる活動
苦労や危険がともなう活動
知識や力が必要な活動
その他
84.2
77
78.4
79.6
64.7
62.7
52.1
59.6
42.7
53.8
40.8
31
33.8
41
23.6
18.6
16.1
8.3
6.9
9.6
7
9.1
6.7
2.4
2.6
2.6
小学生（N＝838）
中学生（N＝539）
0
20
40
60
80

図2–1　ボランティア活動のイメージ

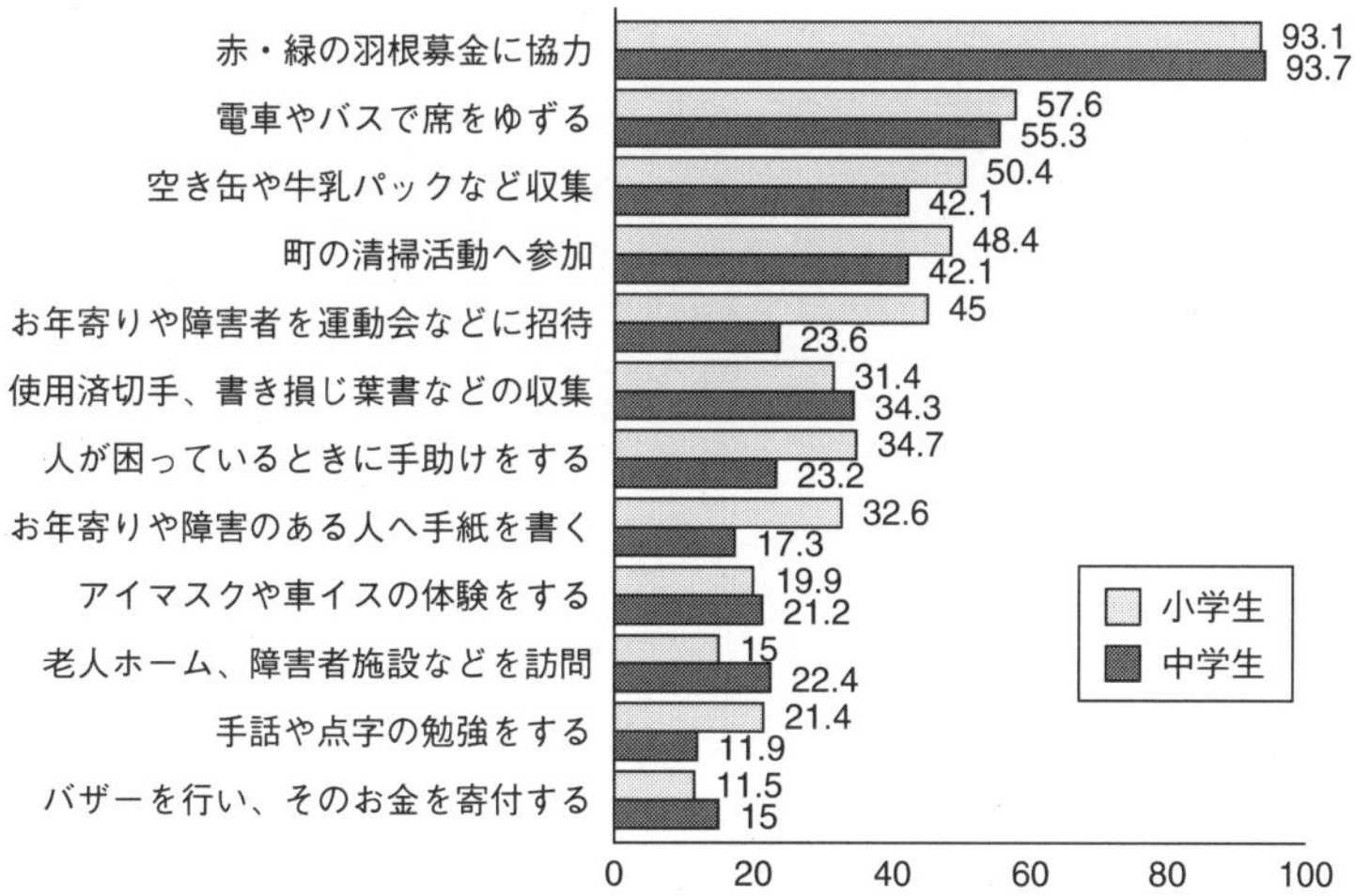

赤・緑の羽根募金に協力
電車やバスで席をゆずる
空き缶や牛乳パックなど収集
町の清掃活動へ参加
お年寄りや障害者を運動会などに招待
使用済切手、書き損じ葉書などの収集
人が困っているときに手助けをする
お年寄りや障害のある人へ手紙を書く
アイマスクや車イスの体験をする
老人ホーム、障害者施設などを訪問
手話や点字の勉強をする
バザーを行い、そのお金を寄付する
93.1
93.7
57.6
55.3
50.4
42.1
48.4
42.1
45
23.6
31.4
34.3
34.7
23.2
32.6
17.3
19.9
21.2
15
22.4
21.4
11.9
11.5
15
小学生
中学生
0
20
40
60
80
100

図2–2　ボランティア活動の内容

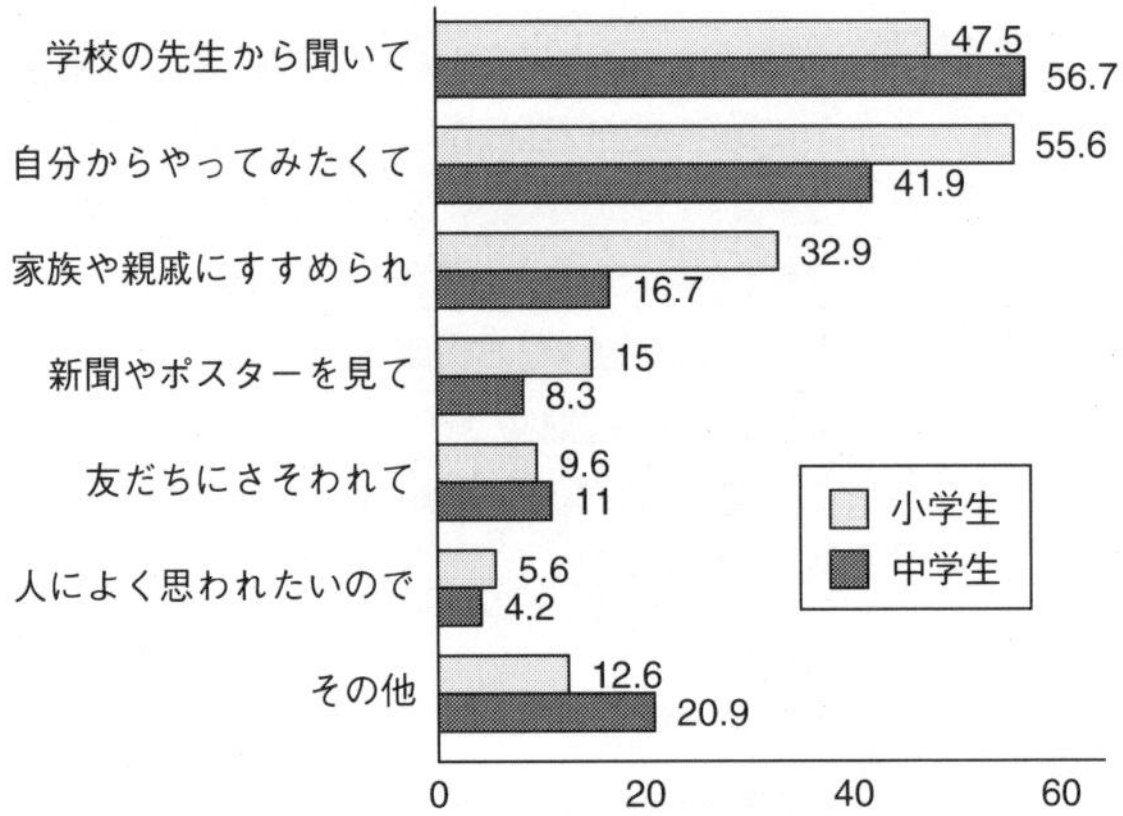

図2–3　ボランティア活動のきっかけ

先生から聞いて」、「自分の意志で」が上位を占めている（図２−３）。

③　ボランティア活動の感想と活動意欲

ボランティア活動をして「よかった」と答えた児童・生徒は小学生九五％、中学生九四％に達し、ほとんどの児童生徒は、満足感を覚えている。その理由の上位三つを見ると、「相手に喜んでもらえた」、「自分のためになった」、「知らない人と親しくなれた」（図２−４）。

他方、約五％の児童生徒が「よくなかった」と答えている。その主な理由は、「何もよいことがなかった」（小学生五一％、中学生六四％）「つまらなかった」（小学生四一％、中学生二九％）を主な理由としている。自分にとっての利益や関心をボランティア活動に求めた結果、それが得られなかったことをボランティア活動の欠点とみているのである。

結果として、ボランティア活動への参加の満足感は高いが、それでは、今後のボランティア活動への参加を尋ねてみるとどうであろう。ボランティア活動への参加希望を尋ねた結果では、「ボランティア活動をしてみたい」と思っている児童生徒は九割弱に及んでいる（小学生八九％、中学生八四％）「活動してみたいこと」として、募金活動や困っている人の手助け等をあげている子どもが多い（図２−５）。全体的に施設訪問等の活動以外は、小学生の方が中学生より活動意欲がある。

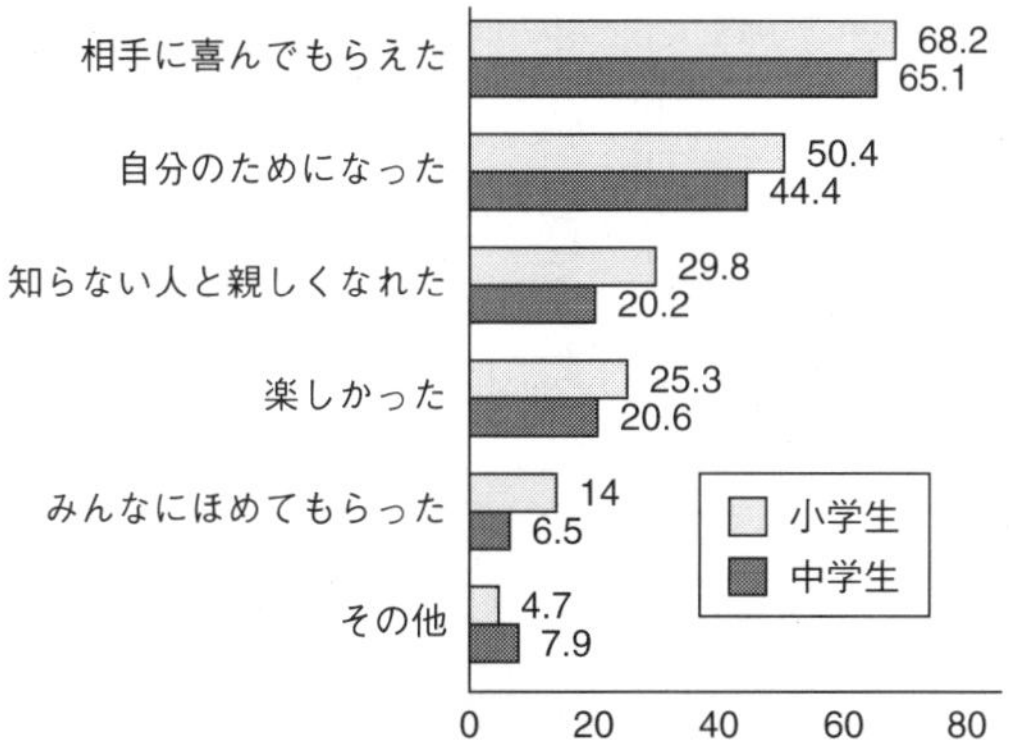

図2-4　ボランティア活動をしてよかったこと

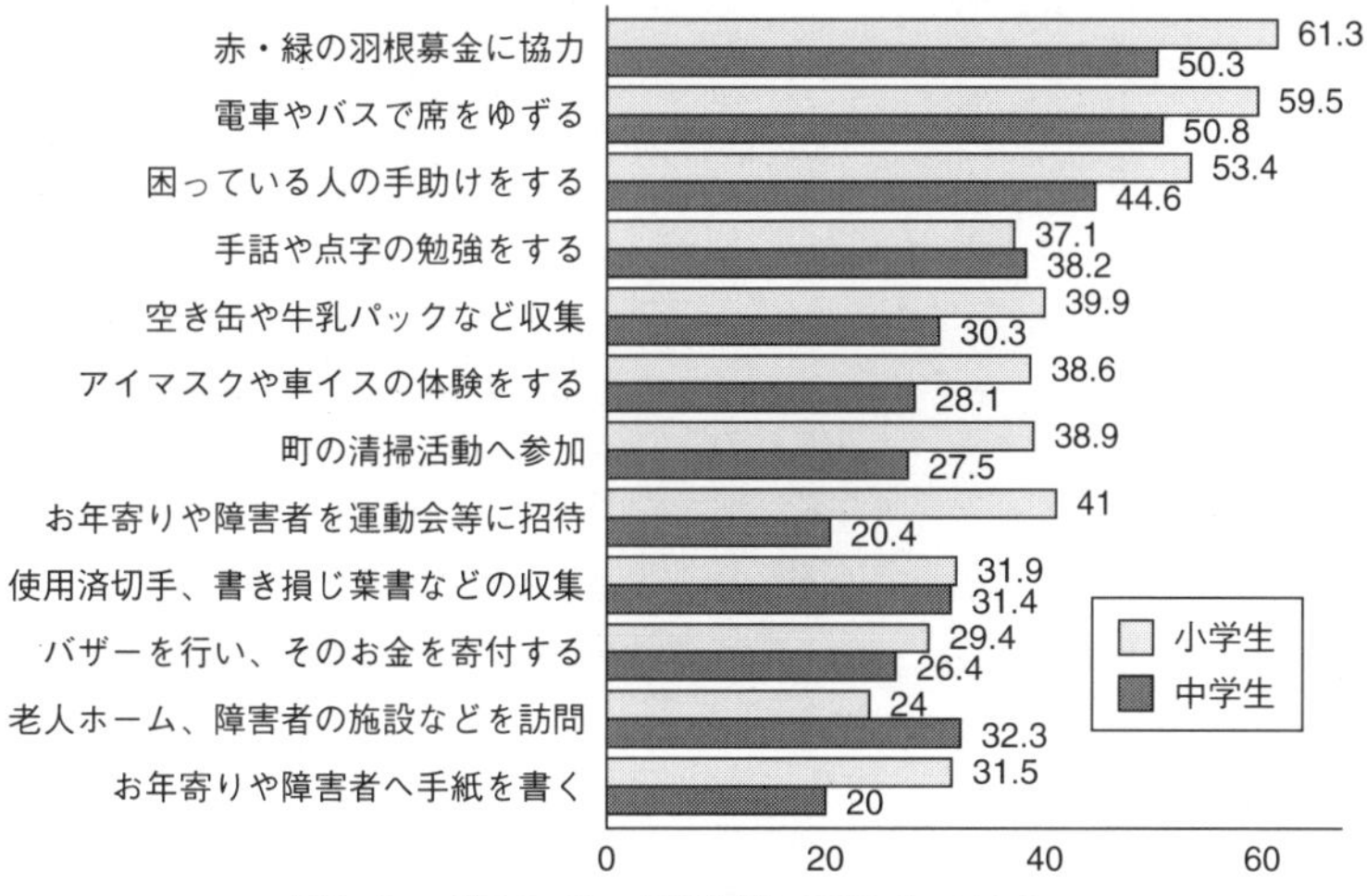

図2-5　ボランティア活動してみたいこと

(3) 教員とボランティア活動

① ボランティア活動のイメージと内容

多くの教員は、ボランティア活動を「無償で行う奉仕活動」「世の中や人のためにする活動」「自発的に行う活動」「多くの人と交流を深めることができる活動」と考え、「気楽にできる活動」「楽しい活動」と考えている教員は少ない。これまでに体験した主な活動は「募金、収集活動」「環境保護活動」「福祉活動」「スポーツ、文化に関する活動」等である。いずれも、児童生徒の意識や体験と共通する部分が多い。

② 活動意欲

ボランティア活動への興味・関心が「ある、少しある」と答えた教員は、小・中学校共に九割以上であるが、全体の約四割は活動経験がない（小学校九四％、中学校九七％）。その理由として、「きっかけや機会がなかった」が七割以上を占め（小学校六九％、中学校七五％）、「忙しくて参加する時間がなかったから」（小学校四五％、中学校四八％）がそれに続いている。

しかし他方で、「これからボランティア活動をしてみたい」と答える教員は多い（小学校七八％、中学校八六％）。生徒の活動意欲とこの比率を比べると、中学校教員八六％—中学生八四％、小学校教員七八％—小学生八九％となって、小学校教員の意欲が児童の活動意欲より低い結果となっている。

(4) ボランティア教育の実践

① 教員の取組み

ボランティア教育に取り組んでいる教員は全体の約三割で、学校行事などの特別活動や道徳の時間が多い。教員

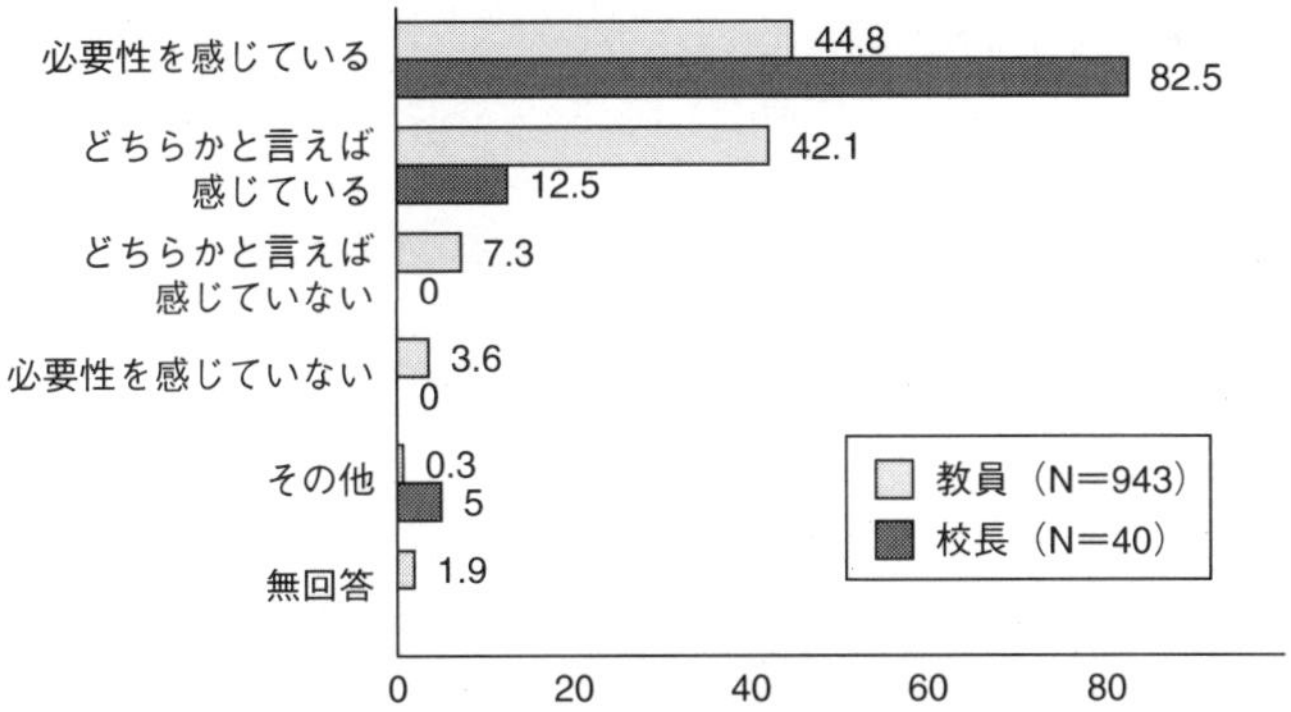

図2-6　ボランティア教育の必要性

の四割はボランティア教育の「必要性を感じている」。また「どちらかといえば感じている」も四割を超える。しかし、「必要性を感じている」と回答したものだけをみると、校長の場合は八割を超えており、その必要性に関する意識は校長の方が高い（図2―6―校長との比較）。

②　学校の取組み

調査対象校の約九割以上の学校では、ボランティア教育の取組みがなされている。ボランティア教育に取り組んでいる学校の約八割は学校や児童生徒の組織をもつが、全体計画を作成している学校は三割程度である。また、その活動内容としては、児童・生徒の回答にもみられたように、「募金活動」「収集活動」等、これまで学校で伝統的に行われてきたものが多い。ボランティア教育の内容をみると、小学校に比べ、中学校では、「ボランティアに関する体験活動」（小学校二三％、中学校八〇％）、「福祉施設で奉仕活動」（小学校九％、中学校五三％）など、学校外へ出て行う活動の割合が多くなっている。これに対し、小学校の場合は、「学校行事への招待」（小学校七七％、中学校六〇％）。

これは、そのまま小学生と中学生のボランティア活動の体験内容とも重なっている。小学生では、「お年寄りや障害のある人たちなどに手紙を書く」、「お年寄りや障害のある人たちなどを運動会や発表会に招待する」などの活動が多くみられる。

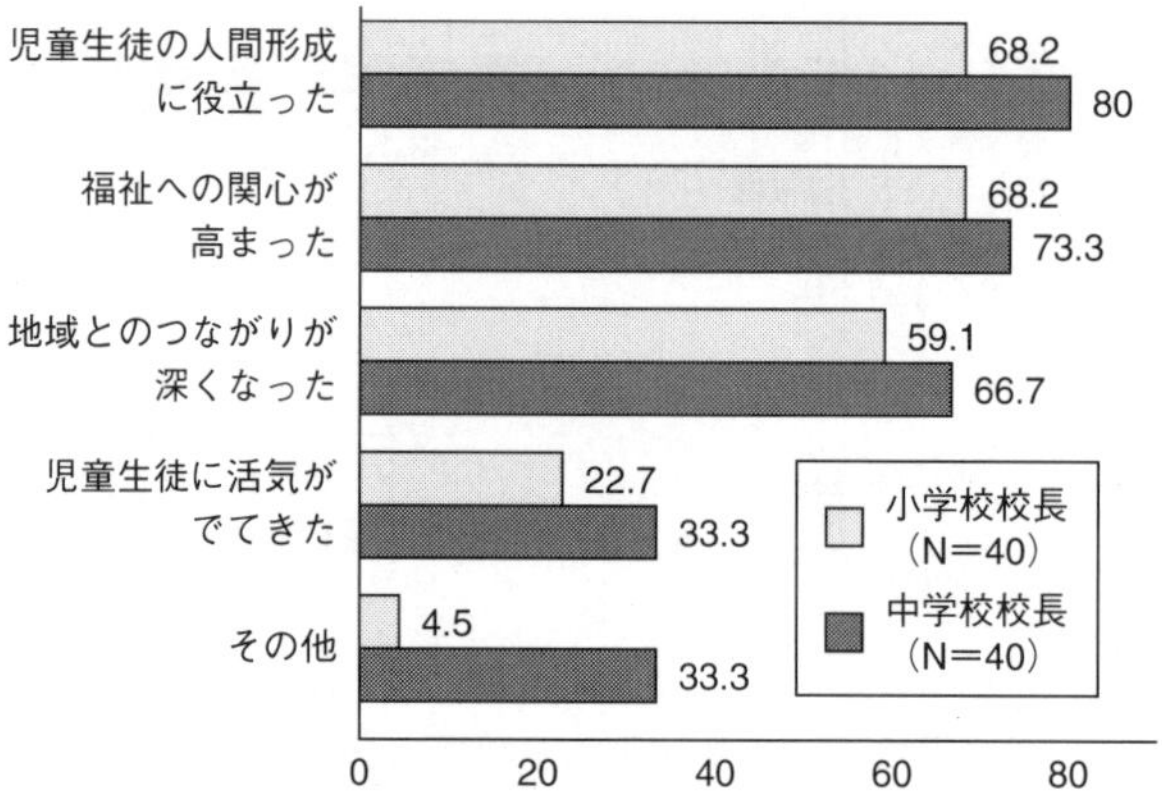

図2-7　ボランティア教育を実施してよかった点

小学校と中学校では、ボランティア教育への取組みが、小学生、中学生の発達に沿った形で工夫されているといえよう。

③　ボランティア教育のねらいと課題

ボランティア教育のねらいを校長に尋ねた結果では、「豊かな人間性の育成」「社会福祉への理解と関心の育成」をあげる学校が多い。

ボランティア教育を実践してよかったことは、「児童生徒の人間形成に役立った」「福祉への関心が高まった」「地域とのつながりが深くなった」等が高い数値を示している。いずれの項目でも、中学校が高い比率を示しており、小学校以上に、ボランティア教育が効果をもつようになっているのではないかと考えられる（図2-7）。

実施上の課題や問題点をみた結果では、校長、教員ともに課題としてあげているのが、「時間がとれない」という点である。校長の結果では、「教職員の意識が薄い」「予算がない」「事故が心配」がそれぞれ三割前後、「校内組織が確立していない」がそれに続いている。他方、教員の結果では、二位「校内組織が確立していない」があがり、「情報が乏しい」という課題とともに三割以上を占めている。さらに、「指導方法がわからない」、「教職員の共通理解が図りにくい」が二割前後を占め、校長と比較すると、組織の確立や情報の提供をボランティア教育のために必要としていることがわかる（図2-8a、b）。

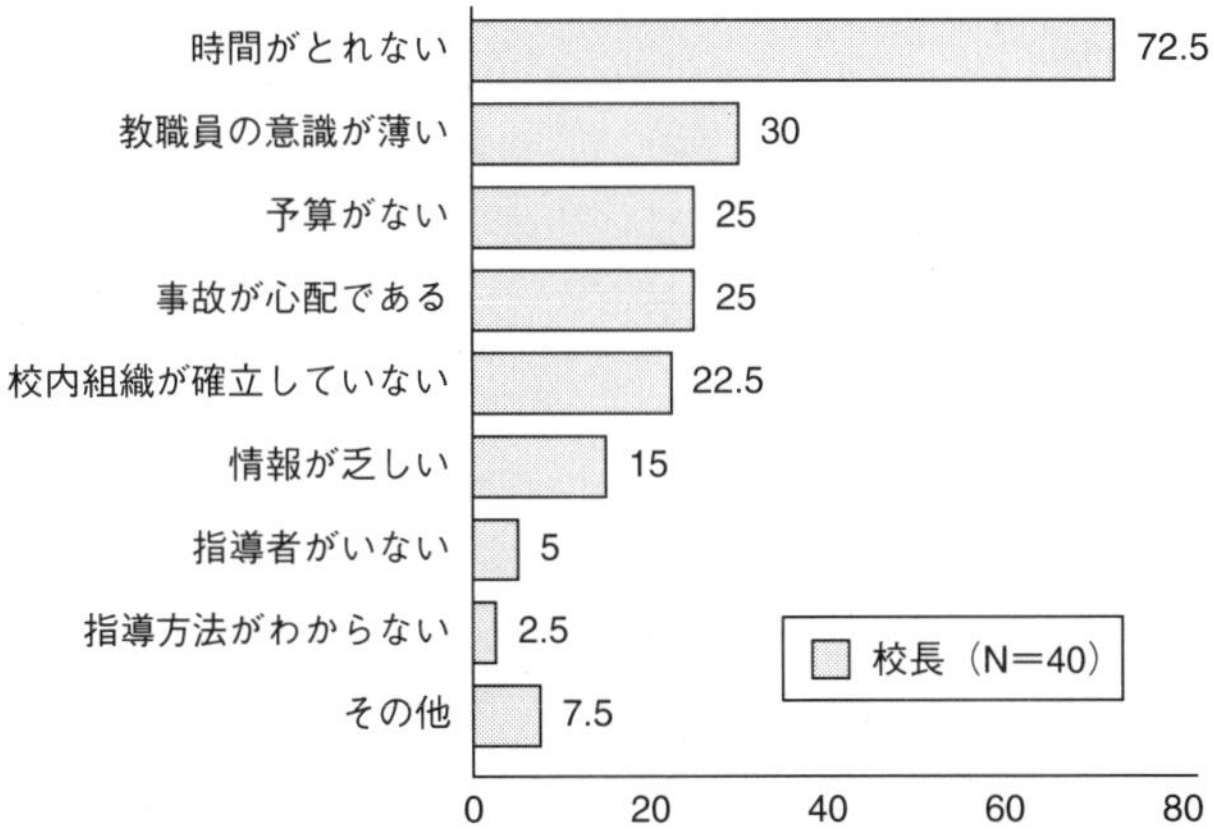

図2-8a　ボランティア教育実施上の課題や問題点（校長）

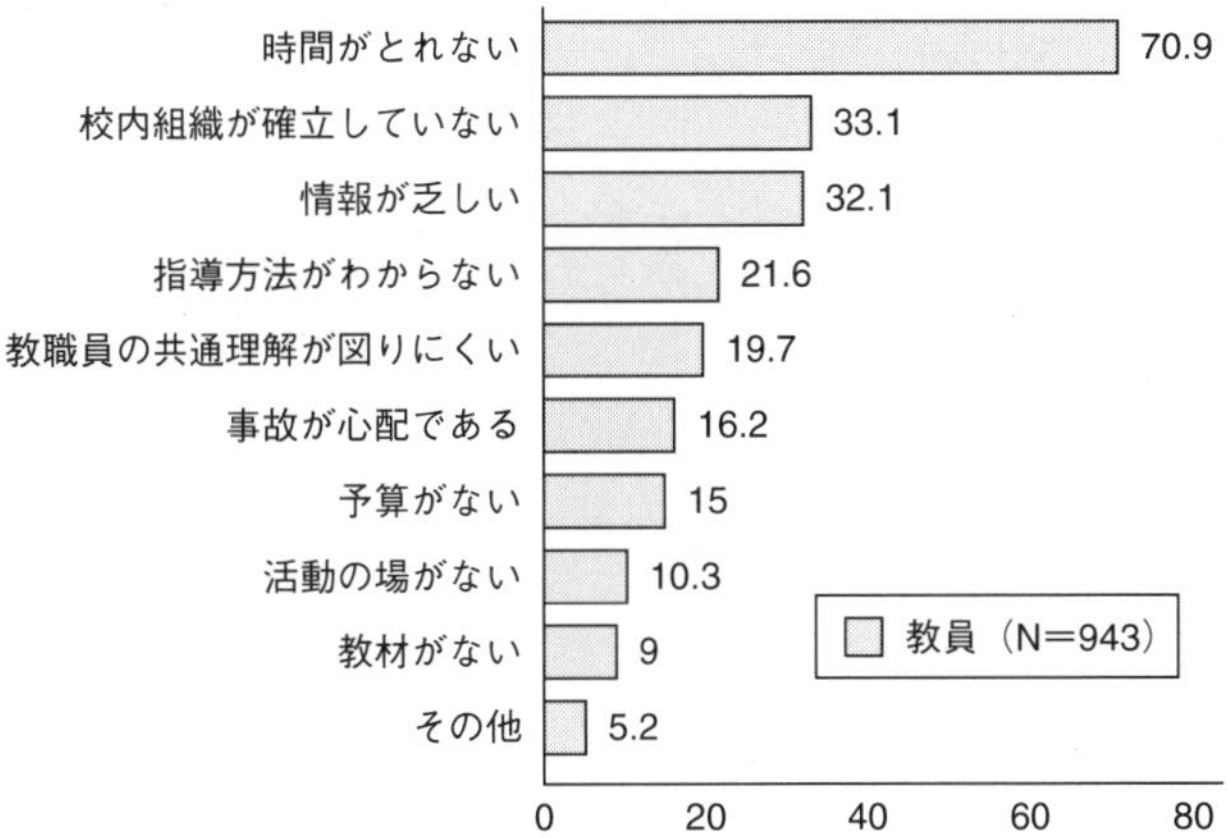

図2-8b　ボランティア教育実施上の課題や問題点（教員）

(5) 調査のまとめ

これまで報告したアンケート結果から、ボランティア教育の実態や課題が浮き彫りになった。その結果を「ボランティア活動と意識」の面と、「現状と課題」の二つの面から整理してみよう。

① ボランティア活動と意識

a 児童生徒はボランティアという言葉をよく知っており、関心も高い。意識はしていなくても、何らかの活動体験をもつ。ただし、その意味・目的等が十分理解されているとはいえない。

b 児童・生徒にとってのボランティア活動のきっかけは、学校の先生や家族・友達など、身近な人からの働きかけが大きい。

c 教員のボランティア活動経験者は約六割であるが、活動したことがない人も興味・関心は強く、機会があれば活動してみたいと考えている。

c ボランティア活動を「気軽で楽しい活動ではない」と考える傾向があり、これは児童・生徒と教員の双方に共通する意識である。

② 現状と課題

a 教員は、ボランティア教育の必要性を認識しているが、実際に取り組んでいる教員は三割程度である。学校では総合的な学習の時間・道徳・特別活動等の時間を中心に取り組んでおり、教科の時間は少ない。

b 多くの学校は、何らかの方法でボランティア教育に取り組んでいるが、全体計画や年間指導計画を立てて積極的に推進している学校は半分以下であり、まだまだ少ない。

c　ボランティア教育推進上の主な課題は、校長、教員共に「時間の確保」、「校内組織の確立」が共通の課題であり、「情報」と「指導方法」の不足が教員にとって、「教員の意識向上」、「予算」、「事故の心配」が校長にとっての課題である。

3　ボランティア教育推進へ向けて

ボランティア教育について、アンケートでは様々な意見が出された。また、自発性の原則に立つボランティア活動を学校教育に位置づけることの疑問を呈する人もある。これらの現状やアンケート結果を踏まえながら、ボランティア教育の在り方と展望を考察する。

(1)　教員の意識向上と研修

まず、ボランティア教育を学校において推進するためには、教員の理解と意欲が重要な要素となるので、計画的な研修により教員の意識を高めておきたい。研修では、ボランティア教育についての基本的な情報を提供するだけでなく、その進め方や指導法を協働で研究するとともに、教員自身ボランティア活動に参加し、自ら体験することが大切である。具体的な研修プログラムとしては次のようなものがある。

①　校内研修会プログラムの実施例

a　講義［ボランティア教育の意義］

b　地域ボランティアによる体験学習会

内容［車椅子・手話・アイマスク・点訳等］
講師［視覚障害者・ボランティア体験者・社会福祉協議会や障害者施設の職員等］
c　ボランティアに関する映画等の視聴と協議

②　校外研修会の実施例

a　講義［ボランティア教育の在り方について］
b　施設体験（障害者施設等）

③　参加者の感想

前記の研修を実際に実施した結果として、たとえば、次のような意見があった。

「有意義な研修ができました。ボランティアは言うが易し行うは難しという感があります。前回の研修会では『教員も日常の指導の中でボランティアをしている』という話がありましたが、今回の研修会で職員の方々の様子を見たり自分で実際に介助をしたりでき、世の中は多くのボランティアを必要としていることがわかりました。自分のできることから人に役立つこと。そんなことを子どもたちに指導していきたいと思いました。」

(2)　ボランティア教育の視点

ボランティア教育は、教科、道徳、特別活動等、すべての教育活動をボランティア教育の観点から見直し、整理、再構成することにより実践するものである。そのために、ボランティア教育の目的を次の三つの視点でとらえ、指導実践や展開過程に位置づけていきたい。

①　実践力の育成

第一に、ボランティア活動に関する知識・技能を身につけ、実践的態度を育てる。これは小学校から中学校にいたる過程で、自律性や公共性についての理解を進めるとともに、児童・生徒の発達に即して育んでいくことが重要である。単なる知識だけではなく、それを実際の生活活動や社会参加活動へと結びつけていく機会と方法を学校が提供していくことが必要であろう。

②　心の教育

第二に、主体的に判断し、行動する心や豊かな人間性をはぐくむ。ボランティアの考え方は、人から押しつけられるものではなく、児童・生徒が自発的に学び取っていくものである。その機会を学校側が与えるとしても、具体的な学習プログラムの中に、主体的に判断したり、行動したりするきっかけをグループ活動や個人学習の中で行っていく工夫が重要となる。

③　共生社会の理解

第三は、家庭・地域社会の仕組みや人間関係について考え、理解を深める。ボランティア教育で学んだことを手がかりとしながらも、その成果を児童・生徒自身が自分の生活や人間関係の中にどう位置づけていくかが大切である。ボランティア教育の評価は、試験問題の結果ではなく、その行動の成果をポートフォリオ、ビデオ作成や写真集、あるいは施設経験についての感想文や日記など目に見える結果として残しながら行い、振り返りの機会を学習の中で与えることによって、具体的な自分の生活や将来について考えるヒントとなっていく。児童・生徒の実際的な地域、家族の人間関係とボランティア体験をどう関係づけるかが教育的な工夫として問われる。

(3) 学校・家庭・地域社会の連携

このように学校においてボランティア教育を実践するためには、学校だけでなく、家庭や地域社会との強い連携が必要となる。また、学校においても、子どもや地域の実態に即した様々な工夫が望まれる。そのような連携の在り方として次のことが考えられる。

① 地域の学習ボランティアの積極的導入

学校では、クラブ活動・進路学習など地域の協力や指導力を生かした学習が行われてきている。こうした地域の教育力を積極的に受け入れることは、学習ボランティアとして多くの人々がボランティア活動に参加しているという生きた教材となる。

② 地域のボランティアネットワークとの連携

市町村の社会福祉協議会が中心となり、地域ごとのネットワークづくりが進められている。こうした学校外のネットワークとの連携を図り、地域スタッフからの協力を得ることで様々なボランティア活動が具体的に進められる。また、地域のボランティアの人々と共に活動することによって、社会的体験という大きな教育的効果が期待できる。

(4) ボランティア教育の展望

本来、ボランティア活動は自発性の原則に立つが、学校教育に位置づけることについて、イギリスの市民運動家アレック・ディクソン博士は、「水に入らなければ、泳ぎをおぼえることはできない」と表現している。また、アンケート調査結果によれば、児童生徒はボランティア活動について「何か特別な活動で、何をどのようにすればよいのかわからない」と考え、十分に理解していない。ボランティア活動の適切な指導・学習が必要である。そのため、ボランティア活動を理解させるとともに参加意欲を高める教育活動として、これからはボランティア教育がますます重視されるであろう。

近年、わが国は少子・高齢化が進み、一五歳以下の子どもの数が、戦後初めて六五歳以上の老年人口を下回った（平成一〇年四月一日現在、総務庁発表）。しかし、核家族化の進展により子どもが高齢者とふれあう機会が減り続け、さらに感動体験や社会体験の不足から、子どもの自己中心的考え方や行動傾向が強まってきている。そのため、先の中教審第二次答申は「第五章　高齢社会に対応する教育の在り方」の結びで、「我々は、子どもたちが、学校や地域社会での活動を通して、介護や福祉などのボランティア活動を経験することを通じて、将来、ボランティア活動を自然に行うようになってほしいと願っていることを改めて訴え、結びとしたい」と提言している。

一方、若い人たちのボランティア活動参加の重要性について、「アメリカ合衆国では、中学・高校時代にボランティア活動を経験した人が、大人になってボランティア活動に参加する割合は二倍になるといわれている」とアメリカ合衆国・オハイオ州、ファーストリンク・ボランティアセンター職員は述べている。ここに見られる日本やアメリカの社会的状況は、学校におけるボランティア教育の必要性を示しているといえよう。

先日、「ボランティア活動を自分の生活の一部として取り込むことが人生の彩りになる」と述べた主婦の投書や、「最初は世話してあげるって思ってたんだけど、自分たちの方がこころをもらってた」と伝える、障害者施設に通う中学生たちの記事が新聞に掲載されていた。また、「ボランティアで感謝され、喜ばれることが自分の長生きする薬となっている」と話す、八五歳のお年寄りのボランティア活動がラジオ放送で紹介されたことがある。今日、ボランティア活動は、他者や社会への貢献というような、かつての慈善や奉仕の心にとどまらず多様化・拡大化して、より広がりをもった地域社会への参加や、自己実現を目的としたものになってきている。

このような現象を一時的なものとせず、「いつでも、どこでも、だれでも」ボランティア活動に参加する「明るい社会」「希望のもてる社会」を築くために、学校におけるボランティア教育の活性化がいっそう求められていくのではないだろうか。

■参考文献

（1）千葉市教育委員会「心を拓く」ボランティア教育指導資料、平成七年三月。
（2）千葉県総合教育センター「学校におけるボランティア活動の取組」研究報告第三三〇号、平成八年三月。
（3）鹿児島県総合教育センター「学校におけるボランティア教育の進め方」研究紀要第八七号、平成九年三月。
（4）埼玉県立南教育センター「小・中学校におけるボランティア教育の在り方に関する調査研究」研究報告書第二六二号、平成一〇年三月。

3章　学校のボランティア学習

1　いま求められるボランティア学習

(1)　ボランティア学習とは何か

「個人の自由意思に基づき、その技能や時間等を進んで提供し、他人や社会に貢献すること」がボランティア活動である。その理念は、

①自発性（自由意思性）……強制や干渉を受けない自由意思による
②無償性（無給性）……活動の対価を求めない
③公共性（公益・普遍性）……成果を社会に還元していく
④先駆性（開発・発展性）……社会の課題を新たに発見して取り組む

という、概ね四つの理念に支えられている。

いま、学校に求められることは、こうした活動の理念を将来的に生かす機会をできるだけ多く設定していくことではないだろうか。

学校で行われるボランティア活動は、生涯学習の観点から見ると、やがて市民となって行われるボランティア活動の準備学習である。本来のボランティア活動とは一線を画するが、その理念を生かしつつ、教師と児童・生徒が

活動の意義や役割を共に学ぶことができるという学習効果が期待できる。

児童・生徒が、学校における活動を通して、実践的・体験的にボランティア精神を学び取り、さらに自分自身を高めていくことのできる学習、それがボランティア学習である。

ボランティア学習を進めるためには、まず、ボランティア活動への関心・意欲を高めること、そして体験的・奉仕的活動に取り組もうとする心を育む活動を教育課程に位置付けることから始めなければならない。「人や自然とのふれあいを通して、社会にある多様な課題を知り、解決のために果たすべき、公共の社会の一員として役割を探るための社会体験学習」を展開していくことがボランティア学習なのである。(1)

(2) ボランティア学習の機能

総務庁青少年問題審議会の意見具申(一九九四年三月)では、青少年のボランティア活動の教育的機能として、次の四点を挙げている。

①だれしもが社会の他の人たちの役に立ちうる存在であることへの理解を深め、社会における人々との連帯感を醸成することができる。………自己実現

②社会生活を営む上で必要な規範やルールを実際に体験しながら習得し、社会の一員としての自覚を持つことができる。………社会的存在の確認

③自ら主体的に新たな社会の課題を発見し、好奇心溢れる探究を行い、創造的な提案やその課題の克服に向けて取り組む態度を培うことができる。………主体性と創造性の開発

④青少年の間に様々な分野のボランティア活動が広がることにより、国際貢献、環境問題などへの関心を高めることができる。………社会問題意識の高揚と国際人の養成

これらを見ても、他者から役立つ存在として認められるボランティア活動は、連帯感と自己の存在(自己存在感)

を確認し、自分自身の生き方・在り方（アイデンティティ）の確立を目指す活動として期待される。

また、社会的存在としての自分を発見し、自らの意欲と選択で活動に参加する（自己決定）という主体的態度を身に付けることや創造性を発揮した態度を培う活動でもある。

さらに、多様なボランティア活動を経験することによって、国際貢献や環境などの問題意識を高め、国際人としての意識が養われるのである。

(3) ボランティア学習の活動内容

学校でボランティア学習を始めようとするとき、どんな活動をすればよいかわからないということをよく聞く。ボランティア活動の内容は数多く考えられるが、児童・生徒の発達段階を考慮し、できるだけ児童・生徒の自発性や先駆性を重視した活動が望ましい。しかし、児童・生徒の発想だけを生かした学校側の一方的な活動や思い付きの活動は、地域社会との連携や信頼を傷つけてしまうことがある。例えば、学校行事に独り暮らしのお年寄りを招待したが、すべてがそれに応えてくれるとは限らない。受け取ったお年寄りたちの思いや状況は様々である。学校とは縁のないものと思っていた人たちが、突然招待されて喜ぶこともあり戸惑うこともある。行きたくても寝たきりの状態かもしれないし、返事を書きたいがそれさえできない状況かもしれないのである。

ボランティア活動の内容を決定していくためには、状況を把握し、地域行政との連携が大切である。そして、継続的に活動していくことが可能であり、しかも公共性のある活動を設定していく配慮が必要なのである。

ボランティア活動の分野は、社会福祉、教育、文化、スポーツ、国際交流、自然・環境、消費者、保健・医療、人権擁護、平和、地域振興など幅広い。一般的にボランティア学習として、次のような活動が挙げられる[2]。

①社会福祉活動（福祉ボランティア）

高齢者福祉、障害者福祉などにかかわる活動。直接老人ホームを訪問したり、間接的に収集活動の収益の一部を寄贈したりするものである。

②教育活動（教育ボランティア）

保育所保育、養育活動の援助などの活動。幼稚園等での遊び活動や職場体験などを通して、遊びの指導をしたり手助けしたりするものである。

③歴史および社会の文化の向上に寄与する活動（文化財ボランティア）

文化財の発掘や保護などの活動。遺跡発掘などに学級や学年単位で参加し、手助けするものである。

④自然および生活環境の保全・保護活動（環境ボランティア）

地域清掃や河川の浄化、天然記念物の保護や鳥獣保護などの活動。自然保護や身の回りの生活環境の快適な保全を図るものである。

⑤地域づくり（地域ボランティア）

地域清掃や花いっぱい運動、災害援助などの活動。地域を基盤に環境を整え、お互いが助け合って快適な地域生活ができるように努めるものである。

⑥国際社会への協力と貢献（国際ボランティア）

難民の支援、文房具を送るなどの活動。小・中学校では募金など間接的な支援活動に参加するものである。

これらの活動すべてを学校教育の中に組み入れることは大変なことである。地域の特性や児童・生徒の実態、ボランティアに対する意欲や関心などを考慮した活動を設定することが大切である。

2　発達段階に応じたボランティア学習

(1)　体験することで学ぶ小学校

小学校では、教育目標である基礎的な教育内容の指導と、心身の調和的発達を促す多様な体験学習を設定し、体験することを前提にボランティア学習を展開したい。

低学年においては、まず体験学習への関心を持たせ、積極的に活動しようとする意欲を培うことが大切である。ボランティア活動も、社会福祉の知識や社会的視点を重視する姿勢を保ちながら、より具体的な活動を体験することが自然である。教科（生活科など）や特別活動、学校行事などとの連携を図りながら、施設の訪問や学校行事への招待、収集活動など楽しんで取り組める活動を考えたい。

中学年においては、グループによるボランティア活動も可能である。行動的な特性を生かしながら、障害者スポーツ活動や施設の訪問、動物愛護の活動やリサイクル活動、地域行事への参加など、積極的な活動が考えられる。

高学年においては、より社会性の高い活動が可能である。これまでの活動に加えて、自然保護や環境問題、手話学習や朗読奉仕など、ボランティア学習の成果を十分に発揮できる活動が考えられる。

(2)　体験を土台に視野を広げる中学校

中学校のボランティア活動では、中学生のもつ特性を十分に発揮させたい。この時期になると、学校から地域、地域から国、諸外国、そして地球環境全体へと、ボランティア活動の視野が広がってくる。小学校での体験を土台にして活動範囲を拡大し、生徒の自主的な取り組みに対して、教師はコーディネーター的な立場から活動を支援したい。そして、ボランティア活動を通して、次のような配慮をしながら、学習を進めたい。

①社会の諸問題や福祉の課題などについての認識を高める。
②基本的人権の大切さを認識させ、それを尊重する態度を身に付けさせる。
③様々な企画や問題を自分たちで決められる能力を養成する。
④グループで活動する体験を通して異年齢間や男女間の協力関係を育てる。

(3) 将来的視点に立ち積極的に行う高等学校

高等学校においては、小・中学校に比べ、より自律性の高いボランティア活動が期待できる。この時期は、地域の文化の継承と創造の担い手として活躍できる年齢でもある。

これまでのボランティア体験を基に、生徒は、福祉的な視点から社会を考える力を身に付けている。活動にあたっては、生徒の自律的な判断を尊重し、教師はアドバイスとコーディネイトの役割に徹したい。活動の留意点としては、次のことが挙げられる。

①ボランティア活動や社会の現状、その背景にある問題を考えさせる。
②日常的なボランティア活動への参加を促す（定期的な施設との交流や地域の活動への参加に対する理解。課業との調和を図る個別的配慮）。
③ボランティア活動との関連で、社会的にどんな職業がどんな役割を担っているか適宜情報提供するようにし、社会への認識を高め、進路への展望を広げさせる。
④地域の歴史・地理や伝統文化活動に対する関心を高め、これらを自主的に学び伝えていくことを支援していく（表3−1）。

以上、小・中・高等学校におけるボランティア活動の内容例を挙げた。[3] 教師の役割は、児童・生徒一人一人を、ボランティアの専門家として養成することではない。将来の生活で遭遇するであろう福祉社会を担う大人の一人と

表3-1　小・中・高等学校で考えられる活動

	小学校			中学校	高等学校
	低学年	中学年	高学年		
集める	使用済み切手、使用済みテレカ、書き損じハガキ	使用済み切手、使用済みテレカ、書き損じハガキ、ベルマーク、募金活動	使用済み切手、テレカ、書き損じハガキ、文房具、ベルマーク、グリーンマーク、募金活動、ブルーチップ、ロータスクーポン　など	海外援助募金、海外へ学用品寄贈、福祉関係記事の切り抜き	海外援助募金、海外へ学用品寄贈、福祉関係記事の切り抜き（分野別）
ふれ合う	施設訪問、手紙、あいさつ運動、学校行事招待（未就学児童）	施設訪問、手紙、あいさつ運動、学校行事招待（地域の人へ）	施設訪問、あいさつ運動、学校行事への招待、文通（独居老人や施設の人へ）、コミュニティゲストとの活動	施設訪問（入居者との話し合い）、障害者、高齢者との文通、学校行事への招待活動、国際交流	施設訪問（介護の学習）障害者、高齢者との文通、学校行事への招待活動、国際交流、社会貢献体験学習
手伝う	家の手伝い	家の手伝い、学校行事手伝い、地区行事手伝い	家の手伝い、学校や施設の行事の手伝い、地区や町の行事の手伝い	町の行事に参加、施設の美化、高齢者の外出介助、ガイドヘルプ、福祉関係行事への参加、手伝い	福祉関係行事への参加、手伝い、高齢者の外出介助、ガイドヘルプ、在宅介護者の手伝い
作る	プレゼント（花の種など）	プレゼント、再生紙、ポスター	プレゼント、郷土手芸品、ポスター、拡大写本作り	福祉マップ、点字図書、雑巾、テーブルクロス	福祉マップ、福祉用品の発明、点字図書、セルフヘルプグループ
守る	動植物の世話、鳥の巣箱作り、公園のゴミ拾い	植物や動物愛護活動、美化活動、リサイクル	緑化活動、リサイクル活動、環境調査（水質、ゴミ）、アルミ缶や牛乳パック回収	廃油石鹸作り、遺跡の発掘、環境調査（大気、河川、ゴミ）、クリーン作戦	不用品集めとフリーマーケット、遺跡発掘と文化財の保護
伝える	昔の遊び	昔の出来事調べ、地域の文化	郷土芸能、伝統工芸品	郷土文化調査、方言調査、公共機関のバリアフリー調査	郷土文化調査、福祉に関する劇、街のバリアフリー調査
広める	ボランティア日記や作文、絵	ボランティア（グループ新聞、学級新聞）	ボランティア体験（学校新聞、文集、体験学習発表会）	ボランティア体験文集、街の社会・福祉調査、ボランティア体験学習発表会	ボランティア体験文集、福祉イベントの企画、ボランティア新聞の発行
学ぶ	手話（歌）、福祉映画鑑賞	手話（名前）障害者スポーツ、福祉映画鑑賞	手話（名前、自己紹介）キャップハンディ体験（車椅子、アイマスク、点字ブロック）、コミュニティゲストの講話	車椅子、杖等の補助器具の使用法、お年寄りを交えて社会福祉討論会、障害者スポーツ体験、救命救急法、キャップハンディ体験	介護、キャップハンディ体験、お年寄りとの社会福祉討論会、障害者スポーツ大会、救命救急法、特殊技術（手話、点字）、エイズ

出典：宮城県社会福祉協議会『先生のためのボランティアハンドブック』（学校でのボランティア活動に一部加筆修正）

しての基礎的資質・能力を高めていけばよいのである。「ボランティア活動は特別のことではなく、自分自身にとって身近なこと、大切なこと、だれにでも日常的にできることである」という認識に立って進めていきたい。児童・生徒の創造性は無限である。ボランティア活動を通して成長し、新たな意欲を培うことで、自発的な活動を促していく。そうした児童・生徒の姿を援助していくことが、教師の役割なのである。(4)

(4) ボランティア学習の位置付け——ボランティア精神をフィルターに

学習指導要領（平成元年三月告示）の特別活動においては、ボランティア活動や社会奉仕活動の位置付けがなされ、学校における、積極的な取り組みを望んでいる。

道徳教育においても、「……豊かな体験を通して内面に根ざした道徳性の育成が図られるように配慮……（総則の2）」とあり、体験学習の重要性が示されている。

そこには、「ボランティア活動」という呼称は見当たらないが、「奉仕的行事」や「奉仕的な活動」という文言が見受けられる。

また、文部省が推進した「奉仕等体験学習」もこれらの重要性を示唆するものである。その趣旨として「家庭、地域社会との連携をもとに、主として奉仕にかかわる体験的な学習を通じ、道徳的実践力の育成・強化を図ることについて調査研究を行い、もって道徳教育の改善充実に資する」ことが掲げられているからである。

ここでいう、奉仕等体験学習とは「奉仕にかかわる体験的な学習」である。すなわち、「ボランティア学習」であり、広義のボランティア教育、狭義の奉仕活動ととらえることができるのではないだろうか。

学校教育におけるボランティア学習の導入は、教育目標の具現化を目指すための一手段である。どんな児童・生徒を育成するのかを明確にし、ボランティア精神をフィルターとして、教育活動全体を見直すことが大切である。

そのポイントは、ボランティア学習を教育課程のどこに位置付け、時間をどう確保していくかである。学校においては、各教科、道徳の時間、特別活動や創意の時間、児童・生徒の日常生活など教育活動全体がボランティア学習の「場」になり得る。

ボランティアに関する知識だけが先行せず、体験活動だけに留まらず、バランスのよい学習の場を設定していくためには、何でも取り入れるのではなく、「まずできることから」を合い言葉に、家庭や地域社会との連携を図りながら進めていきたい。

学校におけるボランティア学習の場としては、

①体験そのものからボランティアを学ぶ特別活動の時間

②ボランティアの精神や意義について深める各教科や道徳の時間

③自主的な活動をさらに発展させる「創意」や「総合的な学習」の時間（横断的・総合学習の時間）

が考えられる。

3　心を育むボランティア学習

(1)　思いやりの心を育てる学校――鹿島台小学校の実践

宮城県志田郡鹿島台町は、人口約一万四〇〇〇人。仙台市より北東約三五キロメートルに位置する。町の東に鳴瀬川、南に吉田川が流れ、南部には、鎌田三之助翁と先人たちの努力により、広大な品井沼を干拓して生まれ変わった一三〇〇ヘクタールの田園が広がっている。干拓と水害の歴史は長く、昭和六一年八月五日の大水害の後、「水害に強い町づくり」のモデルとして国の指定を受けた。各家庭には、防災無線が取り付けられ、水害から町を守る全国唯一の二線堤バイパス工事が行われている。

平成六年、学区内に特別養護老人ホーム「宮城県敬風園」が改築され、「宮城県介護研修センター」や鹿島台町長寿生活支援センター「ゆうゆう館」が同敷地内にオープンするなど福祉の町づくりが進められている。

鹿島台小学校（児童数六九一名）では、学校教育目標に、「健康でよく学び、心ゆたかな子どもを育てる」を掲げ、「健康な子ども」「すすんで学ぶ子ども」「思いやりのある子ども」という三つの具体目標の具現化に努めている。平成二年度から四年度まで、宮城県社会福祉協議会から「ボランティア活動普及事業協力校」の指定を受けたのを機会に福祉ボランティアに取り組む。平成五年度・六年度には、文部省から「奉仕等体験学習推進校」の指定を受け、現在もボランティア学習が継続されている。

鹿島台小学校では、奉仕等体験学習を、「他のために自分の力を役立てる実践的・体験的活動」であるととらえ、思いやりの心の育成に取り組んできた（「他」とは、人やもの、動植物、自然、地域社会全体を指す）。思いやりの心とは、「自分自身を振り返り、相手の立場を考え、相手のためになることをしようと思える気持ち」である。思いやりの心をもつためには、他人の悲しみや痛みに気付き、他人の気持ちに共感できる体験の場をより多く設定していく必要がある。

そこで、これまでの教育活動をボランティア学習の視点から見直し、児童の発達段階を踏まえながら、奉仕活動（ボランティア活動）の視点を身近な家庭や学校生活から地域社会へと広げていった。ボランティア学習を通して、思いやることの大切さや進んで他のために役立つことのすばらしさに気付かせたいという願いからである。

ここでは、道徳的体験の場として奉仕等体験学習をとらえ、特別活動、創意の時間や日常生活にボランティア活動を設定した。そして、奉仕等体験学習と各教科、道徳の時間との関連を十分に踏まえ、家庭・地域社会との連携を工夫しながら、それぞれでボランティア学習を生かすようにした(5)。

(2) 各教科とボランティア学習

各教科の単元・題材を見直して、次の三つの観点に立って学習を進めた。

①学習のねらいや内容そのものがボランティア学習となるもの

ごみ問題や環境問題などを扱った学習は国語科や理科、社会科、家庭科などに多く見られる。またリサイクル（廃物利用）の大切さを学ぶボランティア学習は、図工科や生活科、理科などの単元や題材で扱う。

②「認め合い・助け合い・支え合い」の場を意図的に設定し、学習形態からボランティア精神を高めていくもの

社会科や算数科、理科、音楽科、図工科、体育科などグループ学習の可能な教科指導の中で、児童が互いのよさを認め合ったり、一人ではできないときに助け合ったり、一つの目標に向かって力を合わせて支え合ったりする場面を意図的に設定して学習を試みる。人と人とのかかわりやふれあいの大切さを学び、ボランティア精神を培う。

③これら二つの観点を備えているもの

(3) 特別活動、創意の時間や日常生活とボランティア学習

ボランティア学習としての奉仕等体験を四つに分けて位置付けた（図3-1）。

活動にあたっては、教師と児童が活動のねらいを知り、意欲的に取り組むことができるよう、事前・事中・事後指導を明記した、「実践ファイル」（図3-2）を作成した。

事前は「気付く段階」である。体験学習の意識化を図るために「活動ノート」（図3-3）を活用し、どんな活動をするのかを話し合う時間を設けた。計画を基に活動（体験）することで目的意識が高められる。これが事中の「活動する・体験する段階」である。体験後、自分の取り組みの様子を見つめ直す「振り返る段階」を設ける。活動全体の自己評価や活動で思ったことや感じたことを文章や絵で表すことで新たな意欲を喚起していく。

「気付く→活動（体験）する→振り返る」という一連の流れは、さらに次の活動への気付きを促していく。「Plan

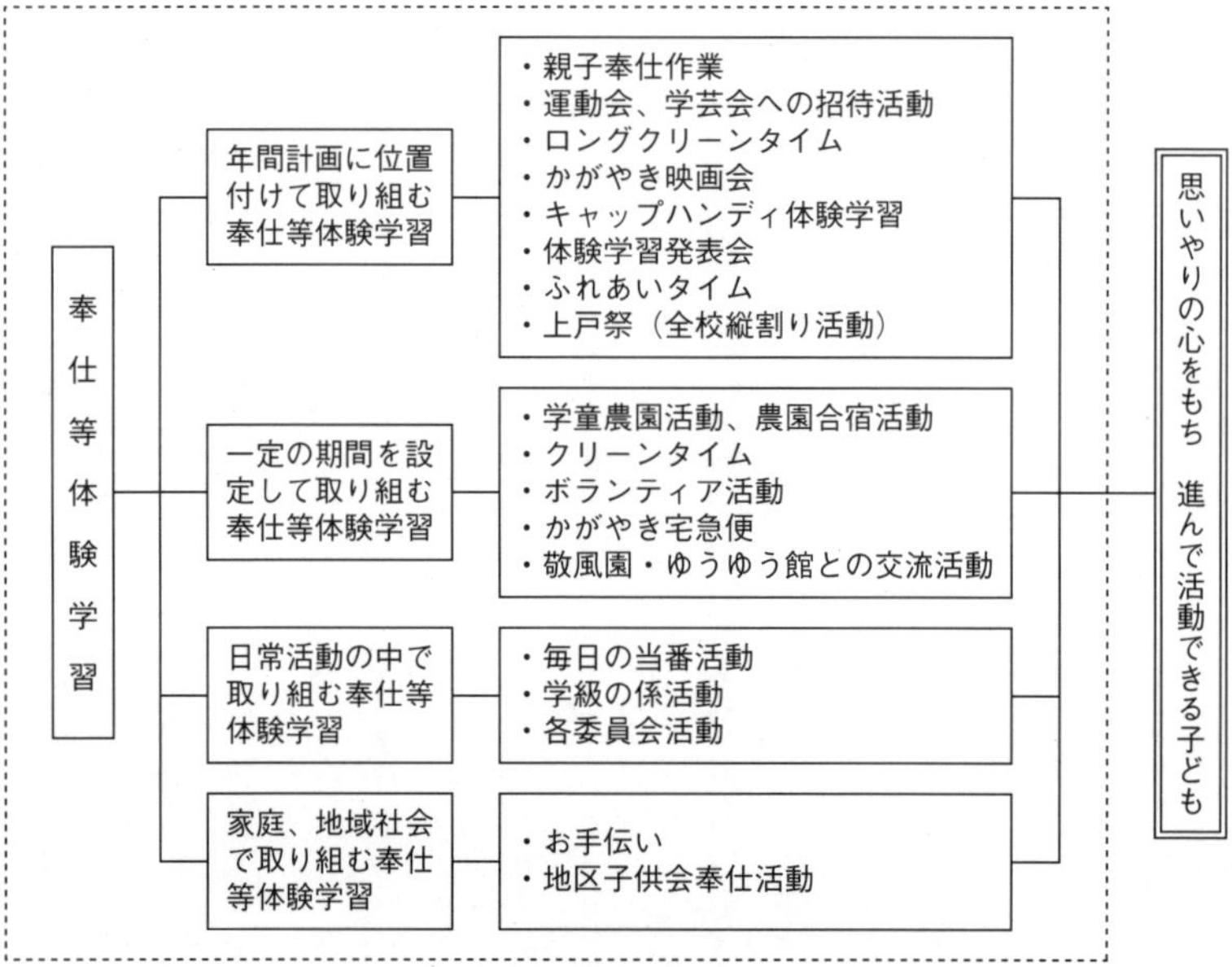

図3–1　奉仕等体験学習の位置付け

–Do–See–Plan」の考え方が体験学習をスムーズにしていく。

(4) 道徳の時間とボランティア学習

児童の発達段階を考慮して、ボランティア活動との関連を図った主題を配当する。「展開の大要」（図3–4）の中で関連する体験学習を明記し、体験を生かす授業、体験に結び付く授業を展開することが効果的である。ボランティア活動を想起させて行う授業や、新たな活動への意欲を高める授業を行うことにより道徳的実践力が高められていく（表3–2）。

(5) 家庭・地域社会の連携とボランティア学習

学校におけるボランティア学習を外部に発信していくことは、ボランティア活動推進の重要な活動である。鹿島台小学校では、学校からのお便りを袋に詰め、官公署、諸団体や公共施設、民生児童委員や行政区長、地区育成会会長など約百名に、直接子どもたちの手で届けている。こうした活動を「かがやき宅急便」と呼び、学校と家庭、地域社会を結ぶ大切な活動の一つに

活動名	ロング・クリーンタイム		
対象学年	全学年	活動時間	創意の時間（1時間）
活動目標	◎　清潔な生活環境を保つための意欲を高め、進んで奉仕しようとする気持ちを育てる。 【低学年】自分のことは自分でしようとする気持ちを育てる。 【中学年】友達と協力し、助け合いながら奉仕しようとする気持ちを育てる。 【高学年】地域のために、自分の力を役立てようとする気持ちを育てる。		
道徳教育との関連	低学年……「節度ある生活態度」（整理整頓） 中学年……「勤労」「信頼、友情、助け合い」 高学年……「勤労、社会への奉仕、公共心」		
活動月日　時間	平成6年　6月18日（土）1・4・6年　6月25日（土）2・3・5年　業前～1時間		

段階	○活動内容	時間	☆留意点　※評価
事前 気づく	○ロング・クリーンタイムの目標に気付く。 ○よりよい活動にするために、どう取り組んで行ったらよいか話し合う。 （中学年・高学年は、役割や分担・必要な準備物・清掃する場所の分担について、学年や学級で決めておくようにする。）	朝の会 学級活動 帰りの会	☆何のための活動なのか気付かせ、学年相応の取り組みについて考えさせる。 ※清掃活動に進んで活動しようとする意欲をもったか。
事中 体験する・活動する	○1・2年～自分の机やロッカー、教室、廊下、玄関等の清掃をする。 ○3・4年～南校舎特別教室、校庭から三之助像、むつみランドの清掃をする。 ○5・6年～通学路周辺の清掃活動をする。 校門下からJAまでの右側歩道と周辺 校門下から交番、7イレブンまでの左側歩道と周辺 陸橋から中野商店までの歩道（左右） 昭和通り、表通り、駅東水辺公園 校舎裏から保健センター、上戸公園 ※ 学校周辺地図を参照のこと。	創意の時間 （1時間）	☆事故に合わないよう安全に注意する。 ☆各学年の清掃場所は学年や学級で話し合って決定する。 ※低～自分のことは自分でしようという気持ちで取り組めたか。 中～友達と協力し、助け合いながら奉仕することができたか。 高～地域のために自分の力を役立てることができたか。
事後 振り返る	○活動したこと、体験したことについて反省する。 ・自分自身が思ったこと、気付いたこと。 ・活動（体験）してよかったこと。 ・これからの活動で気を付けたいこと。 ○これからのクリーンタイムやロングクリーンタイムに意欲をもつ。	朝の会 帰りの会 教科 （作文）	☆活動を振り返り、自分たちの活動のよさや今後の活動の在り方について考えさせる。 ※活動を振り返ることができたか。 ※今後の活動への意欲をもったか。

備考	※高学年は、地域に出ての活動を考えてください。児童の気付きを大切にしながら、活動ができるといいと思います。特に、駅東の水辺公園がずいぶん汚れています。また、連絡が必要ですが、町民が使う駅構内（駅の階段、花壇）の清掃も考えられます。

図3-2　実践ファイル例

高	活　動　ノ　ー　ト	年　　組	名 前	

	活動名〔　　　　　　　　〕	
気づく	どんな活動なのか、わかりましたか。	よくわかった　だいたいわかった　すこしわからなかった　ぜんぜんわからない
	役割や準備などが、わかりましたか。	よくわかった　だいたいわかった　すこしわからなかった　ぜんぜんわからない
	早く活動をしてみたいですか。	はやく活動したい　活動してみたい　あまり活動したくない　活動したくない
活動する	活動して考えたこと、思ったことを書きましょう。	
振り返る	活動中は楽しかったですか。	とても楽しかった　楽しかった　あまり楽しくなかった　楽しくなかった
	めあてを持ってがんばりましたか。	とてもよくがんばった　がんばった　あまりできない　できなかった
	友達と協力しましたか。	よく協力できた　協力できた　あまり協力できなかった　協力できなかった
	また活動してみたいですか。	ぜひ活動したい　また活動したい　あまり活動したくない　活動したくない

図3-3　活動ノート

思いやりの心を育てる道徳指導（展開の大要）

第５学年

<table>
<tr><td>主題名</td><td>奉仕の心で</td><td rowspan="3">内容項目</td><td>中心価値</td><td>4－
勤労、社会への奉仕、公共心</td></tr>
<tr><td>資料名</td><td>わらじ村長</td><td rowspan="2">関連価値</td><td rowspan="2">1－
不とう不屈</td></tr>
<tr><td>出　典</td><td>宮城県「どうとく」資料</td></tr>
<tr><td>ねらい</td><td colspan="4">勤労の意義を理解し、奉仕する喜びを知って仕事しようとする心情を育てる。</td></tr>
<tr><td colspan="2">主題に迫る、その他の資料及び（出典）</td><td colspan="3">父の仕事（光村）</td></tr>
</table>

<table>
<tr><td colspan="4">展開の大要　（○は基本発問、◎は中心発問）</td></tr>
<tr><td colspan="2">段階</td><td>学習内容と主な発問</td><td>備　考</td></tr>
<tr><td colspan="2">導入</td><td>１．鎌田三之助について知っていることを発表し合う。
○「鎌田三之助」についてどんなことを知っているか。</td><td></td></tr>
<tr><td rowspan="2">展開</td><td>前段</td><td>２．資料「鎌田三之助」を読んで話し合う。
○「三之助」は鹿島台村を立て直すために、どんな決心をしたのか。それはなぜか。
○「三之助」は、どのような努力や苦労をしたのか。
◎「三之助」が苦労しながらがんばったのは、どんな気持ちがあったからか。
○このような「三之助」の態度を、どう思うか。</td><td></td></tr>
<tr><td>後段</td><td>３．クリーンタイムでの活動経験について話し合う。
○どんな気持ちでクリーンタイムでの活動に取り組んでいたか。</td><td></td></tr>
<tr><td colspan="2">終末</td><td>４．教師の説話を聞く。</td><td></td></tr>
</table>

関連する体験	収集活動（ベルマーク、グリーンマーク、古切手集め、一円玉募金、書き損じはがき集め　など） クリーンタイム、ロングクリーンタイム、敬風園との交流学習 ※ 4 年で学習した社会科「きょう土を開く」も想起させる。

図3-4　展開の大要

表3-2　6学年実践授業例

主題名「奉仕の心で」資料名『東風園の人たち』（東京書籍）

教師の主な働き掛け	児　童　の　反　応
1　宮城県敬風園を訪問した時の気持ちや感じたことを聞く。	1　敬風園を訪問した時の様子を思い起こしながら発表する。 C 1　おじいさんやおばあさんとお話ができたなあと思った。 C 2　楽に暮らしているのかなあ。 C 3　立派な施設だな。 C 4　働いているおじさんたちは大変だろうなと思った。 C 5　お世話をするおばさんもいた。
2　資料『東風園の人たち』を読む。 ○東風園でのお母さんの仕事は？ ○母の話を聞いて「ぼく」はどう思ったの。 ○こんなお母さんをどう思いますか。 ○母が自分たちの世話に百%満足している人はいないと思うのはなぜ？ ○「ぼく」がお母さんの働いている姿を見たいと思ったのはなぜだろう。	2　資料を読み、ホームで働く母の話を聞いた時、「ぼく」がどう思ったのか発表する。 C 6　スプーンで一さじずつ口の中に入れてあげる。 C 7　お風呂に入れたり、トイレのお世話をしたりする。 C 8　そんなに仕事をたくさんして、大変じゃないのかな。 C 9　いやじゃないのかな。　C10　大変じゃないのかな。 C11　あきてこないのかな。　C12　やめたくないのかな。 （他3名） C16　他の人を世話をするので、気を遣うんじゃないかな。 C17　すごいと思う。　C18　えらいなあ。 C19　おじいさんたちは家族と一緒に暮らしたいと思っているのがわかるから。 C20　働いているお母さんの立派な姿を見たいから。 C21　お母さんの仕事に興味がわいてきたから。 C22　百%満足していないのにそれでも働いているお母さんを見たいと思ったから。 C23　自分にも手伝えることがあったら、やってみたいと考えたから。 C24　どんな人にでもやさしく接しているお母さんを見たいと思ったから。　（他3名）
3　今までの自分を振り返らせ、「勤労・奉仕」の大切さを話し合わせる。 ○人のためになる活動をしたことはありますか。 ○どんな気持ちで活動することが大切なのかな。	3「勤労・奉仕」の大切さについて話し合う。 C28　一円玉募金や古切手集めをしてきた。 C29　奉仕作業をした。 C30　クリーンタイムでがんばった。 C31　牛乳パックなどリサイクルしている。 C32　ベルマークを集めている。 C33　地区で廃品回収をした。　C34　募金活動に参加した。 C35　低学年のお世話をしている。 C36　あいさつ運動を進めてきた。 C37　ボランティア活動に取り組んだ。 C38　人のためになることだから喜んでしようという気持ち。 C39　自分から進んでやろうという気持ち。 C40　どうすれば喜んでもらえるか考える。 C41　最後まで責任をもって。 C42　やさしい思いやりの気持ち。　（他5名）
4　教師体験を話す。	4　教師の体験（学生時代のボランティア体験）を聞く。

している。

また、学校行事への招待も連携を深める活動の一つである。地域の人々や特別養護老人ホーム、地域の独り暮らしのお年寄りに案内状を届けている。独り暮らしのお年寄りへの招待状は、初年度、町の社会福祉協議会を経由して届けた。受け取る側に対する配慮からである。

さらに、家庭でのお手伝いや、地区子ども会行事にボランティア活動を取り入れることを学校から積極的に働きかけてきた。

4　ボランティア学習がもたらすもの

(1)　心に響く体験学習——児童・保護者・地域の人たちの声

①　ボランティア学習を振り返って

▼私たちは、歩道橋から角の商店までの清掃です。このロングクリーンタイムで分かったことがあります。よく私たちが食べるガムやおかしなどの空き袋がいっぱいあったこと、ジュースの空き缶があったこと、ビンの割れたかけらが多かったことです。清掃活動をしている時、自転車に乗ったおばさんや通りかかった人たちが、「ごくろうさま」と声をかけてくれたことがうれしかったです。「がんばってね」と言われたとき、とてもやる気が出ました。みんなで係分担したので、男子もすごく働きました。三袋のうち、二袋は男子が集めたものです。これからは、学校の周りだけでなく町もきれいにしたいです。そして、ゴミを捨てる人を見かけたら、「ゴミ箱に捨てましょう！」と注意したいです。（六年女子）（図3-5）
▼目と耳と足の障害を持つ人の体験をしました。手さぐりとか、つえを使って歩いたりしました。耳の不自由さ

図3–5　ロングクリーンタイム

図3–6　キャップハンディ体験学習

の体験では補聴器で聞いたり、手話も習いました。ぼくたちにとっては普通の生活が、不自由な人にとっては大変な一日であることが分かりました。

困っているときには手をかしたいと思いました。（五年男子）（図3–6）

▼テレカやお金を集めることだけがボランティアじゃなくて、一人一人の思いやりの心とかやさしさの心がこもってなければだめだと思います。かがやき映画会で「へんてこなボランティア」を見て、だれか困っている人がいたら声をかけること…とても勇気のいることだけれど、これがボランティアだと思いました。（六年女子）

②　子供との会話から学ぶこと

▼「お母さん、シューワって知ってる?」と聞かれ、「シューワ?」と聞き返した私。「こうやって耳の聞こえない人に手を使ってお話するんだよ」と教えてくれました。「手話ね。学校で習ったの?」と言うと発表会のことを話してくれました。車の中で、「大きな栗の木の下で」を手話でしていました。学校で障害を持った人々との接し方や大切さを教えて頂けることに感謝します。（一年母）（図3–7）

▼子どもと同じ福祉映画を見たことがよかったです。子どもと同

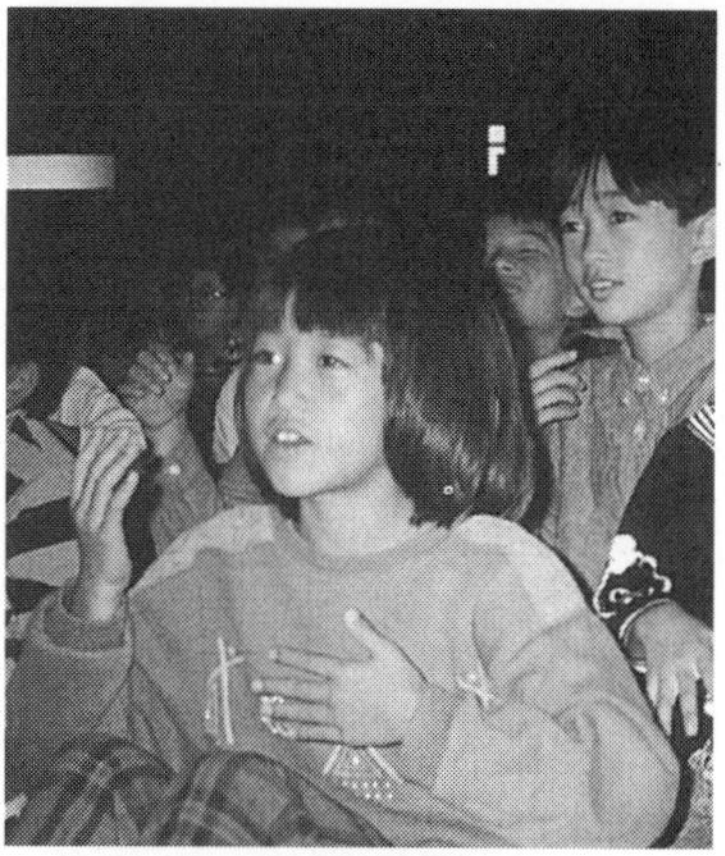

図3–7　体験学習発表会
（手話で歌おう）

じシーンで感動し、涙が出たことを知りました。自分の力を役立てること、大切ですね。（一年母）

③　地域の人たちからのメッセージ

▼運動会の案内ありがとう。十二番まで見ました。最後まで応援しないでごめんなさいね。あなたが出た十番はよかったですよ。私は今ひとりですが、孫が遠い大宮にいます。さびしいときもあります。今度遊びに来てくださいね。（独り暮らしのお年寄り）

▼今までは学校と疎遠になっていましたが、かがやき宅急便をいただいてから子供たちの日常の教育活動がよく分かるような気がします。直接届けていただき、子供と接する機会が多くなったことを喜んでいます。（地区子ども会会長）

ここに紹介したのは、ほんの一部である。ボランティア学習は、学校から家庭へ、そして地域社会へと広がっていく。子どもが変わる。そして教師も含めた大人も変わる。それがボランティア学習であることを実感している。

(2)　することによって学ぶ

学校におけるボランティア学習は、できるところから始めていけばよい。特別な体験を準備しようと教師側がお膳立てするのではない。いまある体験学習をボランティアの視点で見直していくことが何よりも大切である。ボランティア学習を取り入れて七年目を迎えた。学校のボランティア活動が、行政サイド主催のものになって、夏季休業に実施されてきている。任意の参加ではあるが、いまのところ児童全員が参加している。また、学校のクラブ活動では、手話クラブや昔の遊びクラブ、英語クラブなどが新たに開設され、地域の人々やALTがボランティアとして出入りするようになってきている。

「してあげる」のではなく「することによって学ぶ」という姿勢が、ボランティア学習を継続していく秘訣かもしれない。地域の中の学校であることを十分認識して、さらに継続して発展性のあるボランティア学習を展開していきたいと考える。

▓参考文献

(1) 興梠寛「いまこそボランティア学習」『たすけあいのなかで学ぶ—教師のためのボランティア学習ガイドブック』JYVA(日本奉仕協会)出版部、一九九五年、一〇—一二頁。
(2) 児島邦宏『小学校・ボランティア活動の実践プラン』明治図書、一九九六年、八、九頁。
(3) 宮城県福祉協議会『先生のためのボランティアハンドブック』一九九七年。
(4) 渡部邦雄、山田忠行『中学校ボランティア活動事例集』教育出版、一九九六年。
(5) 宮城県志田郡鹿島台町立鹿島台小学校『研究紀要』一九九六年。

4章　公民館のボランティア

1　ボランティアの必要性とその背景

(1)　バランスを求める時代

戦後、荒廃した日本の社会に一点の明りを点した公民館活動であったが、その当時は、国民みんなが新しい日本に期待した時代でもあった。この転換は、以後の日本人の心と力に大きく影響を与えたことも見逃せない。物もなかった時代には、大きな心が育った。現代社会には、豊富に物資や便利さはあるが、その物資や便利さを得るために失ったものも数多くあるのではないだろうか。私は、この状態を上のような座標に表してみた（図4-1）。

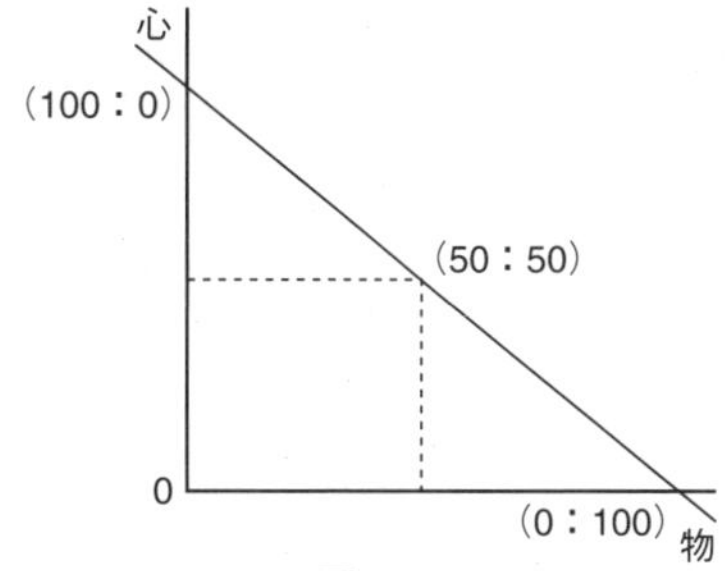

図4-1

この座標を私は次のように読み取っている。物のなかった時代は、心が豊かであった。それに比べ物が豊かになった現代社会においては、逆に心が荒んできている。どちらが豊かでも、どちらが貧しくても問題は多いが、願わくば両方とも豊かであってほしいと思う。期せずしてこのことが証明されたのは、阪神淡路大震災であった。一瞬にして焼け野原と化した大都市の中で、水を求め、食糧を求め防寒用の夜具を求めながら人々は結集した。殺伐とした都市に住む住人たちが、今までは干渉されたくないと思って快適な住環境（個人主義的な社会）を作り出していったが、被災者という共通認識のもと連帯という新たな形態を生み出したのである。物がなくなった状態をこの現代社会の中に生み出してしまったのである。皮肉にも、物がなくなったら心が育つというように、座標を裏付けるような結果がここに現れたように思える。補足になるが、コミュニケーションがよく取れていた淡路島においては、救出が早く行なわれたが、前述したように快適な住環境と思っていた大都市においての救出は、意外にも手間取ってしまったのである。干渉が煩わしく村社会を否定していた人々の求めた別天地が、皮肉にもこのような結末を迎えてしまったことに人間社会の浅はかさを感じずにはいられない。また一方では、現代社会で生活を営む私たちにとって、世界観を持たなければやっていけない時代であることも認識しなければならないのではあるまいか。約六一億の人口（二〇〇一年現在）を有するこの地球を生き残らせていくためには、あまりにも多すぎる人間が生活しているのである。一人ひとりのバランス感覚が求められているところでもある。

かつて、イギリスのある小学校での授業において、このバランス感覚を養うためのシミュレーション授業が行なわれたそうだ。答えは一つだけではないらしいが、ある子どもの答えを紹介したいと思う。

問題は、イギリスのある村での話である。この村には一〇〇軒の家があった。一軒の家には一頭の牛が飼われていた。合計一〇〇頭の牛がこの村には居て、穏やかな村の生活が営まれていた。毎年、これらの牛を東から西へと移動させながら放牧をしていたのである。ある年、村長の息子が外国から帰って来て「お父さん、うちではもう一頭余分に牛を飼おう、そうすれば他の家よりも裕福になれる」というものであった。したがって、この時点ではこの村には一〇一頭の牛がいることになった。確かに息子のいうとおりお金持ちになれた。しかし、他の家も黙ってはいない。どの家も同じように裕福になりたいのは当然の成り行きである。こんなことから他の家にも一頭ずつ増えることになった。その時点でこの村には二〇〇頭の牛がいることになる。子どもたちは、これまでの話を聞き、自分なりに状態を把握したようである。それから先生が次の質問を投げ掛ける。「この後、この村はどうなったか?」というのである。

そのときのある子どもの解答がこうである。「この村は滅んでしまった」というものであった。なぜそうなったかということをその子どもは次のように解説している。

一〇〇頭の牛を飼っているときは、東から西へと移動させながら放牧していた。それらの牛が草を食べながら移動して西の端に到達する時には、もう東のほうには新しい草が生えてきていた。しかし、二〇〇頭の牛が放牧された後には、この草が生えるに十分な時間がなかった。したがって、この村は滅んでしまった、というのである。このように穏やかに過ごしていた村にも、生産性を持たせ合理的かつ有益と思われたことが人間の欲によって不幸な結果を引き起こされた例であること、さらには自然と人間生活のバランスが保たれていたものがアンバランスを引き起こしてしまったという事例であるとも指摘している。ここにも物と心のバランスが崩れるとこのような結果が現れてくるという示唆を読み取ることができる。

したがって、これからの私たちに課せられた役割は、五〇対五〇の地点をいかにして探すかにある。

(2) 公民館の原点とは?

かつて、公民館は若者たちのたまり場であった。唯一の社交の場であったかもしれない。農繁期を終えた若者たちが、一升瓶を持って公民館へやって来て、今年の収穫の模様を語り合う。「今年、俺の田んぼでは一〇俵の米がとれたけれど、おまえのところではいくらとれた?」「うちでは一一俵とれた」と会話は進む。そんな中で、その一俵の差がどうしてできたのかを教えあった。こうした社交の場であり、情報交換の場でもあった公民館に集まる若者たちの間で、そろそろ花嫁修業の一つでもしようよ、と始まったのが、お茶・生け花・料理といった三種の神器を生み出した所以であった。その延長線上に現代の公民館講座のルーツを伺い知ることができる。しかし、地域を変えてきた公民館活動の原点は、「談論の場」という言葉で代表されてきたのである。この談論がこの時代の活力を生んだのである。地域を変え、社会を変えてきたのが公民館を中心とした活動であった。生き生きとした人々がたくさん公民館に出入りしていたのである。人が命、事業が命の公民館活動であった。そんな公民館が頑張れば、世の中が変わると思っていたのも当然のことであろう。しかし、現在の公民館活動はというと、かつての若者たちが花嫁修業の一つでも……と始めたものの延長線上にある文化活動にしか手を出していないというのも残念なことである。いま改めて、公民館の設置目的と役割を再認識しなければならない時代になってきたのではあるまいか。

公民館の役割については、全国公民館連合会（全公連）が、昭和四二年に出した「公民館のあるべき姿と今日的指標」の中で謳っている。公民館は、①集合（あつまる）、②学習（まなぶ）、③総合と調整（むすぶ）の役割を持っているところとされている。さらに昭和五九年に出された五次答申では、これら三つの役割に次の二つが追加されたことに重要なポイントがある。それは、④知る、⑤参加・還元する、である。公民館活動で学んだこと、経験したことを従来は自分だけのものにしてきた。このことから、よく現場の職員たちの間では、カルチャーセンターとの違いはどこにあるのか、などを議論したものである。

特に、この「参加・還元」の役割が付け加わったことで、地域に根付いた公民館活動の役割がよりはっきりしたと思われる。学習したことを社会へ還元することの重要性が以前から気にかけられていたがここで明確になったといってよい。

稀薄になってきた人間関係を修復するための文化活動が、公民館で行なわれている活動であってもよい、公民館活動から地域が変わり、活性化することを願うが、時代が時代だけに公民館活動の原点を見失わない限りにおいては、趣味・娯楽の分野からでもよい、公民館に対する帰属意識から徐々に変化してくることを期待して止まない。いま、参加・還元を意味するところは、様々な分野で学習したことを自分のものだけにするのではなく、社会に還元することの重要性を認識することが、当初の公民館の目的を間接的にではあるが達成することになる、というものだと解釈できる。また、このことから学習者にとっては十分に生き甲斐も感じることができるし、自分自身の存在感や頼られているという意識、明日も生きていたいと思う気持ちが現れてくる。これらも広義の解釈の中では公民館の果たす役割ではないだろうか。

公民館は会議するところ、習いごとをするところだけで終わっていたのが、ボランテイア活動への目覚めが公民館にもやってきたのである。

2　ボランティア活動のきっかけ

公民館における事業展開は、前述したとおり、趣味、娯楽、レクリエーションを中心としたものが多く、特に都市部における公民館は、このためかカルチャーセンターとの競合を意識せざるを得なくなってきている。もともとは、産業復興や地域生活の向上などを旗印に掲げ、荒廃した地域を起こすための機関であった。いまでいう村起こし、町起こしの拠点となっていたのである。時代背景もあるだろう、現代社会のように国際化、情報化、高齢化などもこの時代には叫ばれていなかったこともあるかもしれないが、公民館は、その時代その時代の課題を追い求め、住民が学習してきたことには違いない。

いまここに、生涯学習時代における公民館の役割は、決して特別なものではないはずだ。ただ、地域課題に直面して、住民と共に問題意識を持たない職員が多くなってきていることも、昔のような活気あふれる、地域に根付いた公民館活動になっていない原因の一つであることは否定できない。

であるならば、生涯学習時代の公民館は、従来どおりその一翼を担いながら住民の学習権を守っていくことが重要課題であることはもとより、学習形態も当然変わってくるはずだ。問題提起者たる職員と、それを受け止め問題意識を持つ住民が共に学習方法を考え、学習成果を活動や実践に結び付けていき、それを証明していくといった展開が望ましいと思う。また、学習や活動、実践については、その主体たる住民が実施しやすいように支援する方向で行政は考える。従来の社会教育的な言い方をするならば、条件整備をするということになる。さらに、活動や実践の結果、学習した内容に疑問が出てきたときに改めてその疑問を解決しようと、学習にフィードバックされるのである。

この活動や実践の場において、主体となっていく人々はまぎれもなくボランティアである。またこのボランティアが活動できる条件は、前述したように経済（物）と心のバランスが五〇対五〇の地点にいる人たちに備わっていることが多いように思われる。このような人たちが公民館にはたくさんいる。言い換えれば人材の宝庫といってよいだろう。ならば、地域づくり、町づくりにこのような人たちの参加を得て、より活性化していくという発想はごく自然の成り行きであると考えられる。もちろん老若男女を問わずである。

3　ボランティア活動へのアプローチ

(1)　若者たちのボランティア活動

若者の来ない公民館は公民館ではない、とかつての公民館人たちは唱えてきた。いまは少子化・高齢化・青少年のニーズ把握のずれ・教育に対する不信感などから、若者の気持ちをつかみとれなくなってきているのが現状であろう。したがって、昔の公民館活動の目的と役割が大きく変化してきた。

物がなかった時代には、工夫しながらその時代を乗り越えてきた。現代社会においては、工夫するといった人間に与えられた余裕の部分までが取り去られてしまい、与えられることに馴れきった社会になってしまっているように思える。

そんな中で公民館活動はいかにあるべきかを考えると、原点に立ち返り新しい村起こし、町起こしを住民と共に行なっていくといった能動的なスタンスを考えていかなければ、無用の長物と化していくであろう。

ここで一つの事例を書き添えたいと思う。

昭和五三年度のことである。いままでの公民館活動は、年度当初に募集した各講座を開講し、四、五月の二カ月で軌道に乗せ、あとは比較的フリーになることが多かった。したがって従前からの趣味的なものが多かった。これには、二つの問題点がある。一つは、特定の人に税金を還元しているということである。もっと悪いことには、毎年リピーターがほとんどである。このようにして公民館族が育っていったのである。もう一つは、学習したことが地域に還元されていないということである。公民館活動からその学習成果を地域に対して還元し、人々にメッセージを発しているかというとそうではなかった。そこで身近な若者たちを集めることにした。五~六人の若者たちとの話し合いの場を持ったのである。当然、これと並行して『青少年の生活と意識調査』も実施し、これからの公民館事業の展開を模索しようとしたのである。

何かしたいけれども何をしたらよいのかわからない、どこへ行けばそんな情報が得られるのかわからない、あまり大きな組織に所属したくないなど様々な問題点が現れてきた。これらをもとに青少年対象の事業を組み立ててみた。話し合いの場をティーチインの形式で行なってみた。しかし、若者たちは話をするよりも体を動かしているほうがよいということも徐々にわかってきたのである。そこで具体的な事業を提案することにした。コンサート活動である。大阪府下でも南部に位置するこの市は、ベッドタウンとしての開発は進んできたが、文化的には北高南低と呼ばれ地域に対する帰属意識が低い。このような地域で若者たちが立ち上がったのである。特産品といえば繊維と玉葱しかないといっても過言ではないが、玉葱文化でもいい、若者からのメッセージを発したいというのがこのコンサートのテーマであった。文化施設が数少ないこの地域で、若者たちの活動は当然のごとく制限された。しかし、若者たちは、学校の体育館を借りて日夜準備に励んだのである。コンサートの準備は二手に分かれた。内での準備班とチケットなどの配布と動員計画を立てる班である。功を奏したのか、七一六名という驚異の参加者数を確保することができたのである。感動がよぎり、主催した若者たちの目にも涙が滲む、という光景が至る所で見られた。あるものは参加者の子どもたちからサインをねだられ、一見スター気取りの様子である。こんな感動を持った若者たちが、常にこの仲間と一緒にいたいと思うのは当然の成り行きである。これが日常活動の始まりであった。この時、発想の転換を試みたのである。若者たちは、機械を触るのが好きで、それをいとも簡単に使いこなしてしまう。ならば、機械の上にリズムやハーモニー、メロディーを乗せるとコンサートになる。それでは機械の上に「喋り」を乗せれば何になるかを聞いた。これがディスクジョッキー活動の始まりであった。著作権の問題があるので、番組を流すところに限りがでてきたが、幸いなことに地域の特別養護老人ホームのお誕生会で流せるようになったのは昭和五四年の九月のことであった。「玉田山荘のおじいちゃん、おばあちゃんお元気ですか」と始まるこのディスクジョッキーの番組は、コンサート活動の延長線上にあり、いまでも続けられているし、朗読を志したママさんたちにも協力を得て大きく広がったのである。

単純ではあるが、この活動の意味はいろいろある。

第一には、一カ月に一度のお誕生会ということで、あまり負担には感じないということだ。

第二に、インタビュー取材や原稿を書く、アナウンスをする、録音編集をするなど役割分担を簡単にすることができるのである。

第三に、若者とお年寄りの新しい形のコミュニケーションの在り方として意義付けができる。

第四に、メディアをもてあそんでいるという感覚のもと、本人たちはボランティア活動をしているという感じ取り方はしていない。したがって、「してあげている」式のボランティアではないといえよう。

第五に、懐かしいリクエスト曲を盛り込みながら制作する番組は、ボケ防止や積極的なリハビリへの参加を促すといった効果も副産物的に現れてきているのである。

いまここに至って、あの飽きっぽい、一過性といわれた若者たちが、なぜこれだけの長きにわたって活動が続けられているのかを分析してみると、楽しいということもあるが、「今月は疲れたから止めにする」ということは通用しない。「来月は私の番だから……」と催促にくるからである。若者にとってのやりがいと、お年寄りと話すことによって自分自身のアイデンティティを確認することができるのである。

このボランティア活動は、福祉の分野へのアプローチがきっかけとなっているが、教育的な見地に立ったボランティア活動の例を次に紹介してみることにする。

(2) 国際交流からのボランティア活動

若者たちが始めたコンサート活動においても、「出会い」がテーマであった。公民館活動において、徐々にではあるが若者たちが出入りするようになってきたのである。この若者たちが活動するグループを総称して「青年の広場」と呼んだ。この広場には、劇団やコンサート、ディスクジョッキーなどのサークルが存在し、新しくプログラムを立てて、それをグループ化していくケースが多い。その一つが、国際交流サークルスタッフであった。地域課題でもある国際化は、若者たちに大きな反響を呼んだのである。日本で初めての二四時間空港が大阪湾を埋め立てて建設された。当然のごとく、外国人の出入りも多くなり、地域産業に関わる外国籍の人たちも多くなってきたのである。

① ホームステイによる活動

このような環境の地域で昭和五九年度から始めたのが、ホームステイを通してお互いの文化を知ろうという国際交流・国際理解のための活動であった。外国人労働者が増えている地域とはいえ、まずは外国人留学生を受け入れてのプログラムを考えてみた。最初は大阪外国語大学や関西外国語大学といった機関への働きかけをし、協力を願った。身分保障をされた留学生たちは、日本の文部省奨学金を受けとり生活も安定していることがわかった。一方、就学ビザを持っての留学生の場合、このような条件が整っているわけではなく、苦学を強いられていることも正反対の事実としてわかってきたのである。また、就学生の場合、日本語をまず習得してから日本の大学を受験するといった具合である。このことからもわかるように、日本語学校の設置にしても問題がないわけではないが、このような社会情勢を把握しながら、国際化とは何か、国際理解・国際交流の在り方は?などを個々に問いかけながら、学習を進めていったのである。

もちろんこのように事業を進めていく場合、ボランティアの協力なしでは成し得ないことはいうまでもない。事業展開は、ホームステイだけでは止まらない。

② 日本語教育指導による活動

一人の留学生を受け入れることにより、社会的な問題も背景にあることがわかってくる。その一つに、前述した日本語学校の問題がある。地域で活動するボランティアの人たちからは、「どうして公立の日本語学校を作ってあげないのですか」などと素朴な質問があがってくるのは当然といえば当然のことである。こんな疑問がボランティア活動に拍車をかけるようである。それならば私たちで日本語教室を開こうと考える。指導者養成講座を修了した人たちが集まって外国人に日本語を教え始めた。地域イベントにこの外国人たちを参加させる。このことから地域の人たちと外国の人たちとがお互いに認め合うきっかけになったのである。地域コミュニティーで共生している状況がここに生まれているように思える。国際化とは、大義名分を掲げて行なうようなものではないはずだ。むしろ、このように自然体で行なうことのほうが評価されるべきではないだろうか。このような素晴らしいボランティアの活動こそ、後の世で大きな平和を勝ち取ることができるのではあるまいか。

(3) 公民館講座を発展させたボランティア活動

ビデオ取材ボランティアの活動

公民館でビデオ講座を持つきっかけは、情報社会に対する疑問からであった。つまり、情報化というけれど、その情報は、マスメディアからの受け身の形が圧倒的に多い。それも間違った情報でもすんなりと受け取ってしまう。それを自分なりに是非を判断して身に付けるといったことは、市民にとってこの上なく煩わしく不得意とするところである。もちろん判断をするためにはそれ相応の経験や学習を伴うことはいうまでもないが、それを越えた形の情報過多が現代社会の構造でもある。それならば、ビデオカメラの使い方や編集の仕方を学習し、情報をこちらから発信するという考え方はどうだろうかというのが理由である。

案の定、講座修了後の活動として、各地にビデオ特派員をおいては?という提案がなされた。いくらマスメディアの力が強いといっても一人の目で同時にいろいろな地域の話題は撮影できない。それをビデオサークルのメンバーたちはやってのけた。各人が撮影してきた映像を繋ぎ合わせて一本の番組にしてしまうのである。BGMを映像に被せ、見やすく、聞きやすいものにした。市役所のロビーにこられる市民の方々にみてもらうため、市役所側と交渉したのである。試験的にではあるが了解がもらえた。人手がかからないオートリターン方式のビデオデッキを備え付け、放送を開始したのである。その結果、反響は大きく、映像に映っている人からコピーしてほしいとの依頼までがくる始末。気を良くして次のステップへとエスカレートしていった。不用品の取材を行い、映像の中で「譲ります」「譲ってください」というように、自分の好きな情報だけを取るといった具合の展開になった。各地の情報、不用品の情報を流すにあたっても、映像ならではの配慮もなされたのである。それは、目の不自由な方のためには、公民館の朗読クラブの人たちの協力を得て、耳の不自由な方のためには、映像に字幕を入れるといった具合に行なわれた。

また、市の広報を映像化できないかにもチャレンジしたことがあった。

これらはすべて、ちょっとしたことがヒントになって行なわれた、小さな、楽しみながらできるボランティア活動である。このように考えてみると、公民館には、たくさんのボランティア活動のできるクラブがあることになる。

①学習したものを生かすきっかけ

②提供するための対象者がいる

③ボランティア活動するための少しの時間

が備われば、アクションを起こす人が公民館にはたくさんいるのである。言い換えれば、公民館は人材の宝庫なのである。これからの課題は、ボランティア活動を提供したい人と提供してほしい人の情報をいかに集め、その情報を双方にどのようにして流すかのシステムづくりにあると思う。例えて言えば、いままでは公民館で手話講座を受講した人が、学習したことを発揮できる場がなく、自然と使わないものだから忘れていってしまう、といったケースがあった。また、日本語指導者養成講座を修了した人が、日本語を教えたくても対象となる外国人がいなければ学習成果を確かめようがないのである。必要としている人たちがきっといるはずである。企業や人の集まるところへポスターなどを張って情報を待つのもよし、市役所の市民課などへ外国人登録に来る人の目にふれるように、チラシなどをカウンターに置かせてもらうのも一つの方法かもしれない。

これは手話や日本語指導だけに限らず学習というものは、繰り返し繰り返し行うことによって身についていくものであるから、なおのことこれらの努力は必要である。

最近は、ボランティアを志す人が多くなってきている。この現象は、昔の奉仕という堅苦しいものではなく、ごく自然体で行っていることがおもしろい。なぜなら気負いがなく上下関係も恩着せがましくもないからである。いままではどちらかというと、お金のある人が貧しい人に施しをする、また、してやっているのだから有り難く思え式の考え方が多く見受けられたように思う。

私の知っているボーイスカウトの隊長が隊員たちに指導していた一例をお話してみたい。それは、あるキャンプ場で何か手伝うことがあれば言ってくださいと申し出て、キャンプファイヤーのときのファイヤーリンクを設置することになった。私は側で見ていて、また、いつものとおり作業が終わった時点で焼き板を作り、それにボーイスカウトの名前を入れて立て札をたてるのだなあと思っていた。しかし、その隊長は、ファイヤーリンク用のレンガの広い面にボーイスカウト名と自分の名前をマジックインキで書かせ、決して表にでないようにしてレンガを縦においてリンクを作っていったのである。その隊長曰く、このファイヤーリンクがここへ来るたくさんのグループの人たちに使ってもらい、ボロボロになって壊れたとき、はじめてみんなの名前が出てくる。期待できないかもしれないが、もしかして一人くらいはあのボーイスカウトが作ってくれたんだなあと思ってくれるかもしれない。というようなことを隊員たちに言っていたのを思い出す。わざとらしいボランティアまがいの活動がある中で、いやそれも一つの方法かもしれないが、このように昔ながらの言い方をすれば「縁の下の力持ち」的な活動の在り方も長続きしてほしいものである。

4　公民館が頑張れば社会が変わる

いずれにしても、学習の場である公民館でボランティアの方たちが育っていく時代がそう遠くないと確信する。なぜならば、人は基本的に学習したいという欲求と権利があるからだ。この権利と欲求は、あたかも人が呼吸するのと同じくらい自然な営みである。したがって、学習権は基本的人権の一つであるといえよう。

公民館の原点を見直してみることが必要と前述したが、敗戦後まもなくの郷土の復興と、現代社会において価値観が多様化しているのと、市民が行く道を模索しているのがどこか共通しているように見える。人を繋ぐ、情報を集める、方法を探る、いずれも公民館ならではのこと、とすればいま公民館が頑張れば地域が変わる、社会が変わると言えるのではあるまいか。元気の出る公民館、元気の源は公民館にある、と言える公民館が全国にほしいと考えるのは私のエゴなのだろうか。

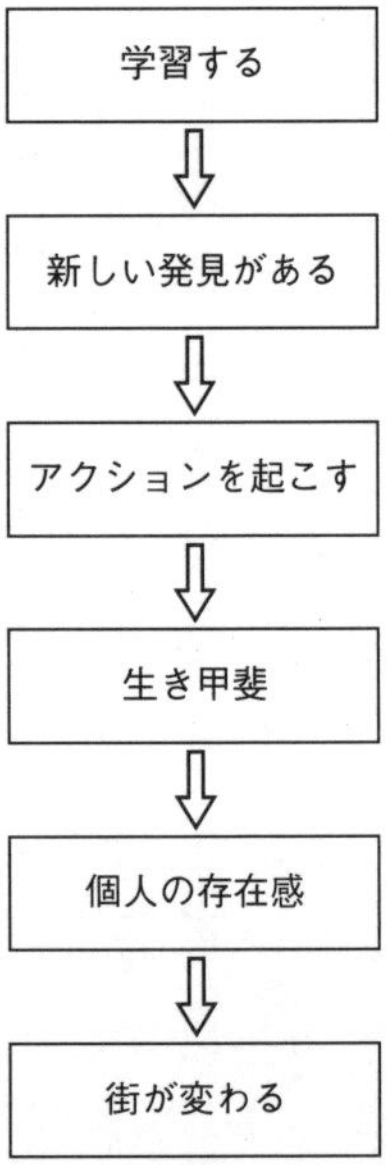

図4–2

戦後、民主主義の徹底を旗印に公民館活動は地域に根付き、活発化していった。最も民主的な憩いの場が公民館なのである。二者択一の自由がある。「する」ほうの自由と「しない」ほうの自由である。できることなら「する」という積極的な自由を選択し、新たな地域社会の構築に役立ててほしいと願う。「訪れる人々に安らぎを、去り行く人々に幸せを……」が公民館運営の要であったように、これからのまちづくりにおいてもこのキャッチフレーズが、ボランティアたちへの支援の在り方であり、運営の要であるかもしれない。

5章　博物館の学習活動とボランティア活動

1　ボランティア活動への一歩を踏み出すために

ボランティア活動に対する人々の関心と、現実の活動状況との間には、なぜか大きな隔たりが見られる。平成五年に実施された世論調査において、「ボランティア活動に関心がありますか」という問いへの回答では、「関心がある」人は六一・九％、「今後の参加意向がある」人は五七・五％というように、積極的な回答が多かった。これに対して、実際に参加経験のある人は、過去と現在を合わせても半数の三〇・一％、「現在している」人は九・九％にとどまっている（総理府、平成六年）。すなわち、意識としては「興味はある」けれども、結果として、「活動はしていない」人が相当数いるというのが現状である。このボランティア活動に関する意識と活動状況との隔たりは、たとえば、学習活動における意識と活動状況との差と比較すると、いかにその差が大きいかがわかる(1)。

このようなボランティア活動に関する意識と活動状況との差を生じさせている要因の一つとして、ボランティア活動に対する偏った認識があげられる。とくに、よく見られるのが、「ボランティア活動、すなわち慈善的な奉仕活動」という思いこみである。

さらに、ボランティア活動とは物好きな人のすること、自己満足のための偽善的な活動だ、というようなより批判的な見方をする人もいる。確かに、ボランティアのなかには「してあげている」という意識が見え隠れする人がいるのも否定はできない。しかし、そのような意識の善し悪しを判別することは、とくに重要ではない。むしろ、そのような意識を生じさせている、ボランティア活動への偏った認識や誤解が問題である。

ボランティア活動への偏見には、まず第一に、「ボランティア活動とは、見返りを求めない献身的な行為である」という、ステレオタイプの思いこみがある。ボランティア活動に対するこのような思いこみは、ボランティアの原則である、自発性、無償性、公共性の三つの要素のうち、とりわけ、無償性に対する誤解から生じていると思われる。経済的な有益性が重視される現代社会にあって、金銭的に無償であるという前提は、「無償であるがゆえに尊い」、もしくは「無償なんてする意味がない」など、いずれにしても、ボランティア活動を、特別な人だけがする非日常的で特殊な行為として位置づけてしまったといえる。

第二に、ボランティア活動の対象となる活動領域の偏りがあげられる。ボランティア活動が、とくに、社会福祉の領域において先行したために、ボランティア活動、すなわち老人や障害のある人々、恵まれない人々に対する奉仕活動というイメージが強い。このような状況から、ボランティア活動が、特定の対象に対する、限定された領域の活動として認識されている傾向が見られる。

このようなボランティア活動に対する偏った認識に対して、「ボランティアは全く特別なことではない」と言い切るのは難しい。しかし、ボランティア活動の原則である、自発性、無償性、公共性を柔軟に解釈すると、自分がしたいと思うことやできることで、利潤を得ることを目的とせず、何らかの形で社会や人のためになることならば、どのような活動でもボランティア活動だということができる。すなわち、ボランティア活動とは、普段、私たちがそうとは意識せずに行っている活動の中にも存在するのである。ボランティア活動をもっと身近で日常的な活動として活性化させていくためには、まずこのような自由で柔軟な発想への転換が重要である。

そこで本章では、ボランティア活動に対する自由な発想への手がかりの一つとなる学習との関係を、単にボランティアについて学習するという目的化された関係だけでなく、ボランティア活動と学習活動とが相互に関連し合う関係から考察する。

2　学習活動とボランティア活動の関係

(1)　学習活動とボランティア活動の四つの関係

学習活動とボランティア活動の関係をまとめると、目的化されたボランティア学習を含めておよそ次の四つの関係に分類される。

まず、ボランティア活動に関連した学習のあり方として

①ボランティア活動を学習する（ボランティア学習）。

②ボランティア活動で学習をする。

次に、学習活動に関連したボランティアのあり方として

③学習成果でボランティア活動をする。

④生涯学習支援のボランティア活動をする。

①　ボランティア活動を学習する

これは、ボランティア活動についての学習、ボランティア活動をするにあたって必要な知識・技術の学習をすることである。この学習には、まず第一に、ボランティア活動にはどのような活動があるのか、ボランティアの役割、責任など、「ボランティア活動とは何か」ということについての一般的な理解を深めるという意味での学習がある。第二に、ボランティア活動を行う対象に関する学習がある。具体的には、対象者の特性についての一般的理解を

得ること、現状を知ること（とくに地域における実態の把握）、そこでの問題を明らかにし、具体的な課題を提示すること、そして課題解決のための方策について、知識・技術を学ぶことなどである。

第三に、活動の管理・運営等に関わる学習がある。ボランティア活動が組織的かつ公共の活動として機能するためには、ボランティア活動実行プログラムの作成（企画）や、ボランティアの募集から関係機関との連絡や調整、他団体との協力体制のシステム化、サービス提供のためのネットワークづくりに至るまで、ボランティアグループ内でのマネジメントや渉外のコーディネートなど、活動の組織化に関わる学習が重要である。なかでも、リーダー養成の重要性が増している。

さらに、ボランティアを受け入れる側に必要な、学習としてのボランティア受け入れ体制に関する学習や、ボランティアと受け入れ側との仲介を行うボランティアコーディネーターの養成があげられる。

このようなボランティア活動に関わる学習の方法としては、地域でのシンポジウム等による住民への理解の普及、ボランティア養成講座、ボランティア仲間の学習会などがあげられる。

② ボランティア活動で学習をする

「ボランティア活動で学習をする」というのは、ボランティア活動をする中で何かを学んでいく、ボランティア活動をすること自体が学習のプロセスになっている、という関係である。この関係では、活動者は、ボランティア活動を実践する中で、日常とは異なる体験をし、利潤とは異なる何かを得ていく。

そもそも、ボランティア活動をする人は何のためにするのだろうか。人がボランティア活動に参加する動機には、「何か、誰かの役に立ちたくて」、「困っている人、困った問題を見過ごせなくて」というような福祉的な動機や、「自分の居場所」や達成感など「何か（お金で得られないもの）を求めている」というような自己充足的な動機などがあげられる。前者の場合は「何も求めず参加する人」、後者の場合は「何かを求めて参加する人」といえる。

ボランティア活動に何かを求める、求めないにかかわらず、ボランティア活動を通じて、結果として人々が何かを得ていることは確かである。世論調査によると、「ボランティア活動に参加して良かったこと」として、「ものの見方や考え方が深まった（三七・三％）」、「多くの人たちとの交流の場を得ることができた（三六・二％）」「友人を得ることができた（三五・一％）」「人間性が豊かになった（二六・五％）」「満足感や充実感を得ることができた（二六・三％）」等があげられている（総理府、平成六年）。

このように、ボランティア活動で得られることには、テキストからは得ることのできない活動の知識・知恵、喜び、充足感、仕事上の人間関係のような利潤や権力が絡んだ関係ではなく、「共感」によって結びついた人と人の横のつながりや、利益を求めないがゆえに利益追求という拘束から解放された自由などがあげられる。無論、これらの「得られるもの」は目に見えない。その上、受け手によって価値あるものとなるかわからないもの、すなわち万人に価値あるものともいえない。しかし、それゆえに「誰にでも手に入るものではない」という価値があるともいえるだろう。

このように、ある人がボランティア活動によって何かを得たと感じるなら、それは、ボランティア活動を通じて、何かを「学んだ」ということに置き換えることができる。新しい思考（ものの考え方）や行動形態の習得を促すボランティア活動の経験は、学習のプロセスとして成立する。だからといって、ボランティア活動は学習活動と同じなのではない。なぜなら、ボランティア活動における学習のプロセスは、受け身でも何かを教わることができる通常の学習活動と違って、まず初めに、「自分のできることを提供しないと、何も始まらないし何も返ってこない」からである。ボランティア活動では、自分の持っている知識、人脈、手足を使った労働など、何か役立つことを提供し、積極的にその活動にかかわって初めて、その活動から何かを学ぶという学習の機会を得ることができるのである。

このようなボランティア活動をしたことによって初めて何かに気づいたり、学んだりするという関係の他に、ボランティア活動とは別に学習活動を行っていた人が、ボランティア活動をすることによって学習を深める、という関係もある。後者は、③の学習成果でボランティア活動をするという関係と重複する。

③　学習成果でボランティア活動をする

学習者の学習成果活用の場として、ボランティア活動がある。この関係では、学習者が学習の成果をボランティア活動で生かし、実践を経験することによって、さらに学習を発展させていく。学習者にとっては、自分の学んだことが実際に役だつのかを確認する機会にもなる。このような学習成果の活用について、学習者自身の関心は高く、すでに活用している学習者も少なくない。(2)

一方、ボランティア活動を円滑に、そしてより効果的に行うためには、ボランティアの力量不足や、一方的な押し売りにならないよう、活動に適した知識・技術が必要である。そのため、ボランティアは、そうした知識や技術を学習によって更新していかなければならない。したがって、この場合のボランティア活動は、学習の成果活用の場として、また学習はボランティア活動の質を向上させるものとして、相互に補完する関係にあるといえる。

④　生涯学習を支援するボランティア活動

このタイプは、一般の学習活動をボランティア活動で支援する、すなわち、学習支援システムの一環としてのボランティア活動である。前述の①～③の関係では、ボランティア自身が同時に学習者であるのに対し、この場合のボランティアは、学習者の活動が円滑に進められるように支援する立場にあるのが特徴である。ただし、この場合においても、ボランティアは一方的に与える立場で終始するのではなく、②の関係のようにボランティア活動を通して、何かを学ぶ立場にもなり得る。さらに、この支援活動をより充実した活動へ発展させていくために、①であげたようなボランティア活動に関する学習も必要になるだろう。

表5-1　各社会教育施設・機関におけるボランティア活動の例示

施設区分	活動の例示
公民館（類似施設含む）	学級・講座等における指導・助言、社会教育関係団体が行う諸活動に対する協力などで無償（交通費など参加に要する経費の実費額程度を支給する場合は無償として取り扱う）の奉仕活動（無償の活動であることについては以下同文）
図書館	対面朗読、点字図書の作成など
博物館（類似施設含む）	展示資料の解説、会場整理への協力、展示資料の収集・制作等における学芸員への協力など
青少年教育施設	利用グループに対する野外活動・自然観察等の指導・援助、主催事業に対する協力など
婦人教育施設	学級・講座における指導・援助、相談活動などで無償（交通費）など
社会体育施設、民間体育施設	各種スポーツの指導・援助、体育用具の保守・管理、スポーツテストへの協力など
文化会館	施設の美化活動、各種の集会等における会場整理など

出典：平成5年度『社会教育調査』文部省より作成。

この生涯学習をボランティアで支援する活動には、たとえば生涯学習ボランティアや学習コーディネーターの活動がある。この「生涯学習ボランティア」(3)に代表される、学習活動を支援するという立場のボランティア活動の在り方は、生涯学習審議会の「今後の社会の動向に対応した生涯学習の振興方策について（答申）」（平成四年七月）の中で、「人々の生涯学習を支援するボランティア活動によって、生涯学習の振興が一層図られる」と、学習支援におけるボランティア活動の重要性が提示されたことから注目されるようになった。(4)

3　学習活動からボランティア活動へ

生涯学習ボランティアの中で、社会教育施設・機関において活動をしているボランティアを「施設ボランティア」と呼んでいる。

施設ボランティアの状況を、施設・機関別の登録者数や活動延べ人数でみると、平成八年ころまで増加傾向にあり、その後全体的にやや減少しつつある。その中で、

表5-2　施設ボランティアの推移

年度／施設	ボランティア登録者数			ボランティア活動延べ人数**		
	H5	H8	H14*	H5	H8	H11*
公民館（含類似施設）	216,826	231,003	256,645	1,516,222	1,463,757	1,000,120
図書館	27,313	35,926	59,357	212,120	261,848	246,380
博物館	8,432	15,953	22,422	69,135	110,729	128,324
博物館類似施設	15,611	23,923	40,251	62,541	79,660	111,686
青少年教育施設	30,127	39,635	15,923	128,907	140,746	85,021
女性教育施設	10,582	12,876	6,439	52,059	56,042	55,569
社会体育施設	126,462	114,474	69,726	966,203	888,981	163,590
民間体育施設	54,847	38,341	32,401	320,850	387,752	177,814
文化会館	16,247	24,378	25,965	38,887	42,609	62,922
合計	506,447	536,509	529,129	3,366,924	3,432,124	2,031,426

出典：平成５年度、８年度、11年度、14年度の『社会教育調査』（文部科学省）をもとに作成。
＊：平成11年度は延べ人数のみ、14年度は登録者数のみ。
＊＊：延べ人数は、いずれの年度もその過去１年間の活動延べ人数。

博物館および博物館類似施設では、ボランティア登録者、活動延べ人数ともに増加しつづけている。

これまでこの施設ボランティアの役割は、主に社会教育施設・機関で学習をする人々を支援することにあった。ところが新たに、施設や機関での学習者がその学習活動の成果をいかし、さらに学習を深めるチャンスとなるようなボランティア活動を行うという施設ボランティアのモデルが開発されつつある。

ここでは、このような「学びたいことを続けながら、ボランティア活動ができる」事例として大宮市立博物館の「ボランティア古文書解読筆写グループ」を取り上げ、学習活動とボランティア活動の新たなかかわりを考察する。

(1)　大宮市立博物館の古文書解読ボランティアへのインタビューから

このボランティアプログラムは、もとは大宮市博物館において、平成四年から実施している古文書学習会(5)の上級クラスとして位置づけられていたものである。現在は、月に二回（現在は、隔週の金曜日）、各自都合のよい時間帯で、博物館所蔵、および委託を受けた大宮市内の古文書の解読・筆写や目録の作成を博物館内で行っている。ボランティアグループの活動意識をイン

タビューした。(6)

〈インタビューの項目〉

①古文書学習の学習歴はどのくらいか。

②解読筆写のボランティアを始めたきっかけは何か。

③市立博物館では、講座受講生を学習会グループにまとめたり、ボランティアの機会を設けるなど学習継続のサポートをしているが、これらのサポートについてどう思うか。

④他の博物館等で同じような解読筆写のボランティアを募集したら、参加したいか。

⑤初級講座の講師のような指導者のボランティア活動を募集したら、参加したいか。

⑥今後、どのように活動していきたいか。

【ケース1】 Mさん(男性・六五歳)

①「平成四年に初級講座から始めた。以前、郷土史研究の活動をしていて、道しるべを読めるようにしたいと思ったので。」

②「学習会の延長で手伝うようになった。ボランティアをしているというような気持ちはない。」①

③「学習会などのサポートなしでは、初級で終わっていたと思う。古文書はむずかしいので、自分一人でやっても全く進まない。それに、講師の先生の話で古文書の歴史の背景を知ると、また興味がわいて続けられたと思う。」

④「やりたいけれど、このグループの雰囲気が求められるかと思うと、ちょっと。それに、ここなら地域のことが学習できるし。⑦他の所といわれると、気持ちはあるけど勇気がいると思う。」

⑤「少しためらう。やるとなれば、今の三倍は勉強しなければならないと思うし。以前、学習グループで読み方

を教えたことがあるが、人に教えると筆写しているより力はつくと思った。」

⑥「一つのテーマを決めて調べてみたいと思っている。」

【ケース２】　Yさん（女性・六六歳）

①「始めてから全体で一〇年位になる。六年前まで市の文化財課にいたとき、原書の筆写を教えてもらった。そのころ、県立文書館の講座に三回位通った。この博物館で講座が開かれてからは、ずっとここで続けている。」

②「もっと読みかたを正しくしたいと思って続けている。とくにボランティアという意識はなく、お手伝いをしているつもり。②」

③「ただ字を読むだけなら、周りの読める方が助けてくれるので、自分たちだけでもできるかもしれないが、やはり読むだけではないから講師の先生が必要だと思う。」

④「この博物館にあるものとは違った文書を読めるのでしてみたい。」

⑤「文書を読むことはできても、その背景など説明するのはむずかしい。④基本を学んでいないので、教えるとなると違うと思う。それ以上は要求されてもできない。」

⑥「楽しみとして、ずっと続けていきたい。①」

【ケース３】　Sさん（女性・七五歳）

①「一五年くらい前からやっている。六年前までは、市の文化財課で教えてもらった。文書館でも、何度か講座を受けた。」

②「初め全く読めなかったので楽しくて。文書が好きでずっと続けている。①今は健康のためにも続けている。」

③「ありがたいと思う。文書を読むだけなら自分たちだけでもできるが、講師のお話が楽しみ。」

④「何事も勉強だから、どんなところでもやってみたい。」①
⑤「勉強になるとは思うが、人に教えるのはむずかしい。」
⑥「とにかく好きなので、一生続けたい。①まだ、わからない字もあるので。」

【ケース4】　Wさん（女性・六三歳）

①「市の資料編纂所でアルバイトをしていた二〇年前から、仕事の中で覚えた。市立博物館では、講座は受けず、四年前に学習会から始めた。NHK学園の通信講座も受講している。
②「学習会で勉強していて、博物館の方に誘われた。」⑥
③「読むだけでなくて、歴史的な話などを聞けるのがためになる。」
④「勉強になるし、違う文書がよめるなら是非したい。」③
⑤「アシスタントならしてもいい。歴史が頭に入っていないので、正式の講師はできないと思う。」④
⑥「ずっと続けていきたい。今後はNHK学園の通信講座の他、生涯学習インストラクター講座を受講して資格を取り、古文書学習を生かしたいと思っている。」

【ケース5】　Wさん（女性・五七歳）

①「四年前に、この博物館の初級講座から始めた。親戚が持っている文書などが読めたらいいなと思って始めた。」
②「地域のための活動としてでなく、博物館で誘われて個人的な興味で参加した。学習の延長だと思っている。」②
③「とくに、学習会はとても良かった。自分たちで調べていって、当てられて読むやり方で力がついた。解読筆写グループでは、コピーでなく直接原本が見られるのがとてもうれしい。」③
④「参加したいと思う。やりながら学べる。③ただ、ここはグループの雰囲気もいいし、ここで育ててもらったと

も自分たちでも、この小さな博物館を自分たちでもいう気持ちがあるし、⑤大宮だからお役に立ちたいと思う。⑦わずかな力だが、この小さな博物館を自分たちでもり立てていけるならと思う。」

⑤「地域の学習グループなどであれば、一緒にやってみたいと思う。講師となるとSさんのようによく読めればいいが、責任がもてない。」

⑥「以前は、上達しなくてつらくてやめてしまおうかと思った時もある。でも、今は楽しくて一生続けたい。」①

(2) 古文書解読ボランティアにおける「自主性」「無償性」「公共性」

古文書解読ボランティアグループの特色を、ボランティア活動の原則と照らし合わせながらまとめてみよう。

① 自主性

グループにみられる共通点は、「楽しみ、好きだから、ずっと続けたいから、自分のためにしている」ことである（傍線①）。何よりも古文書学習が好き、学びつづけたいという意欲が活動の力となっている。そして、「ボランティア（地域活動）とは思っていない（勉強のつもり、学習の延長としてしている）」（傍線②）というように、ボランティア活動をしているという意識が強くないのが特徴的である。

② 無償性

学習の延長としての意識が強く、活動をすることで自身は学ぶことができるという「益」を実感している（傍線③）。一方、専門家、職業としての講師、学芸員との役割の違いや、講師として活動するとなるとそのレベルに達するための相応の学習がさらに必要となることを認識している（傍線④）。

③　公共性

地域文化財の保存に役立っている。博物館の学芸員の話によると、彼らの文書の解読力は学芸員の力に匹敵するという。現在、博物館に委託されている解読筆写の文書の数はとても学芸員のみでこなせるものではなく、ボランティアグループの存在は重要な役割を果たしている。中には、地域への愛着や、学習活動を通じて生じた市立博物館に対する貢献意識がボランティア活動を継続している動機となっている人もみられる（傍線⑦）。

このグループにみられた最大の特徴は、自発性の欄でもあげたように、「好きなこと、学習の延長」としての意識が強いということである。この「好きなこと、学習の延長」という意識、言い換えれば、そこから学びたいという目的意識が根底にあるため、かえって義務でもなく、強制でもなく、自分がしたいから、何よりも自分のために活動しているという「強い力（意志）」を生んでいる。この学習（好きなこと）とのつながりがあるからこそ、彼らはボランティア活動を続けてこられたのであり、これからもまた続けていけるのである。

(3)　学習活動がボランティア活動へ発展する条件

①　強い動機づけとしての「楽しみ」

学習活動がボランティア活動へと発展し継続していくための要因として、大宮市立博物館の古文書解読ボランティアグループへのインタビューにも見られたように、その活動が「楽しみ」の活動であるということがあげられる。「楽しみ」というこの非常に単純な動機づけは、学習活動の継続、成果の活用に対し、有効な影響をもたらす因子となっている（山本、一九九三年）。

②　学習活動からボランティア活動への移行を支える学習支援

古文書解読ボランティアグループの活動をボランティア活動として成り立たせている重要な要因に、市立博物館の学習支援（サポート）がある。このボランティア活動を行うのは、「ここ（市立博物館）で育ててもらったから」というWさん（傍線⑤）ほか、全員が「市立博物館のサポートなしでは学習を続けてこられなかった」と答えている。

市立博物館が行っている学習支援には、まず、学習の成果をボランティア活動として受け入れてくれる場所（施設・設備）の提供がある。実際、古文書の原本を扱うこの活動は、文化財に対する責任の後ろ盾となる博物館側の協力なしに、実現することは困難といえるだろう。

場所というハード面における支援に対し、ソフト面での支援として、このボランティアプログラムの設定があげられる。ことに、この古文書解読・筆写ボランティアは、最初は学習会として行われていた主体的な学習活動が、市立博物館のサポートによって「ボランティアグループ」という名称の活動として位置づけられたもの、という経緯がある。そのため、このグループがボランティア活動を始めたきっかけは、博物館側の積極的なアプローチによるところが大きい（傍線⑥等参照）。その意味では、博物館の支援を前提としたこのグループは、活動が開始された際の段階では、その経緯から見ても、ボランティア活動としては未成熟な活動であったといえる。

しかし、学習活動から、ボランティアの要素を兼ね備えた活動への移行を可能にした要因は、博物館によるきっかけづくりのサポートに加えて、博物館のアプローチを一方的なサポートの提供に終わらせず、学習者が受け入れ、自分自身の活動としてのつながりを見出してきたことにある。活動を通じて、この相互のつながりを得たということが、学習の延長にボランティア活動という可能性を生み出したといえるだろう。

4　ボランティア活動で学ぶ新しいつながり

学習活動とボランティア活動との関係においては、①人と活動とのつながり（学習やボランティア活動への参加）、②人と人とのつながり（学習者（受け手）とボランティア）、③活動と活動とのつながり（学習活動からボランティア活動への移行）、などの新しいつながりを見つけ育んでいくことが、各々の活動を発展させていくための重要な要因となっている。では、このつながりはどうすれば見つけられるのだろう。

そもそもボランティア活動は、ボランティアが自分のできる何かを提供することによって始まり、その提供したことを受け取ってくれる人、受け入れてくれる場所とのつながりがあって、活動としての意味をもつ。いくら一生懸命に活動をしたとしても、受け取る側とのコミュニケーションがうまくいかず、相手に拒否されたり、受け入れのつながりがつけられなくて、虚しく終わることもある。ボランティア活動の中で、ボランティア自身が何かを得ることができるかどうかも、このようなボランティアと受け手との相互のつながりがうまくつけられるかに左右される。

このつながりについては、もっと積極的な発想もある。それは、自分から働きかけること（ボランティア活動をすること）によって、いままで全く関係のなかった人や場所（組織）と新しいつながりをつけていくことこそが、ボランティア活動の魅力であるという意見である。たとえば金子は、「個人がさまざまな社会問題に関心を持ち、心を痛めたとしても、結局のところ、ひとりではなにもできないという無力感や焦燥感につつまれている現代社会のなかで、ボランティアは、新しいつながりをつけてゆくためのひとつの具体的で実際的な方法を提示するもの」（金子、一九九二年）として、ボランティアを意義づけた。そして、金子自身の経験の中から、ボランティア活動における常識的なもののつながりを超越した思いもかけない横のつながりに、新しい結びつき（情報ネットワーク）

による途方もない力、人を動かす魅力を見出している。つながりのつけ方の答えは、活動を続けることの中にあるといえよう。

現代社会では、個人を拘束する共同社会からの逃走によって、自由を確立しようとするポストモダニズムほど、現代人がみな社会に否定的ではないにしても、個人を優先した都会的な生活スタイルや意識が、若い層を中心に主流となりつつある。大家族やご近所の崩壊は、無意識に培われていた人や社会とのつながりを崩し、「助け合い」という名のボランティア精神に対する価値観を歪めてしまった。

そうした状況を経て、今また地域社会の重要性が見直されつつある。結局、生活を取り巻く身近な社会のサポートが充実していてこそ、私たちの求める豊かな生活も成り立つということに改めて気づいたのである。けれども、既存のしきたりを押しつけ、縛りつけようとする古典的な地域や人とのつながりは、個人の自由に価値を見つけてしまった現代人には窮屈すぎる。これから求められる人と人との結びつきは、個人の自由意志によるものでなければ、到底受け入れられないであろう。

もう一度、地域社会や人とのつながりをつけていこうとするならば、現代的な条件をみたす新しい社会とのつながりや人との関わり方を模索しながら最初から作り上げていくことになる。そうなったとき、ボランティア活動で得られるつながりのつけ方の中に、新しいつながりについて学ぶことができるだろう。

■注

(1)「生涯学習に関する世論調査」(総理府、平成四年)によると、過去一年の学習経験者四七・六%に対し、今後生涯学習をしてみたいという意向の者は六五・九%であった。

(2)「成人の学習意識に関する調査」(国立教育研究所『成人の学習意識に関する調査報告書』平成三年八月)によれば、過去一年間に学習をした人のうち、その学習成果をボランティアなどで「すでに活用した」人は一三・六%、「活用したことはないが、できれば活用したい」人は四〇・二%にのぼった。

（3）「生涯学習ボランティア」の役割には、おもに次の四つの役割があげられる。

①学習の指導者、および指導アシスタントとしての役割。学習内容について、専門知識や人生経験を生かした学習指導を行う役割で、教育ボランティアとも呼ばれる。博物館の展示説明ボランティア、スポーツ・レクリエーション等の指導ボランティアなどがある。

②学習コーディネーターの役割。例えば、「生涯学習推進員」、「生涯学習アドバイザー」がこの役割にあたる。これらのボランティアは、学習者に、学習の機会や指導者などの情報提供をしたり、学習方法などについての学習相談に応じる役目を果たしている。

③指導以外での学習活動の援助者の役割。この役割には、主に生涯学習センター・公民館等の社会教育施設での講座・学級、およびイベントなどの運営に関わる援助と、高齢者や身体に障害のある参加者の送迎や託児ボランティアなど、学習参加に障害のある人々への援助という二つの側面があげられる。

④学習グループ・団体のマネージャーの役割。この役割は、主に学習グループの中にあって、学習活動の場の確保や、関連団体との連絡・調整や他グループとの学習ネットワークづくり、運営費用の会計など学習活動の管理・運営にあたる役割を果たしている。

このような役割によって学習を支援する「生涯学習ボランティア」には、大別すると、特定の教育施設内で活動する施設ボランティアと、場所を特定しない学習ボランティアがある。

生涯学習ボランティアの統計的な実態については、その定義の曖昧さから対象者の範囲を限定しにくいため、把握することが困難になっている。その中で、活動状況が比較的明確に捉えられているものとして、社会教育施設ボランティアがある。社会教育調査報告書（文部省）では、各社会教育施設におけるボランティア活動を表5-1（一〇七頁参照）のように規定し、ボランティア登録者等について統計をとっている。

（4）岡本は、「生涯学習ボランティア」を学習支援のボランティアのみを意味する用語としてだけでなく、生涯学習の成果や経験を生かして「各人が持っている能力、労力、自由な時間あるいは財産（金銭や品物、その他建造物など）を社会に役立てる活動」、すなわちボランティア活動をすることや、自分の学習の成果を生かすのではないけれども生涯学習の場に関わるボランティア活動をすること、およびその行為を行っている人すべてを総称する用語として、広義に捉えている（岡本、一九九二年）。このような捉え方は、学習成果でボランティア活動をする関係と、学習支援の関係を包括する概念といえる。このような広義の捉え方に対して、本章では学習支援の立場としての「生涯学習ボランティア」を主に取り上げた。

（5）初・中・上級レベル別に講座、講座修了者対象の学習会（グループ学習）がある。平成八年度現在で参加者の総数は一五八名。その年齢構成は二〇代から七〇代までと幅広い。

（6）平成八年一一月に実施。

▒参考文献

（1）岡本包治『これからの指導者・ボランティア』現代生涯学習全集五、ぎょうせい、一九九二年。

（2）岡本包治・結城光夫共編『学習ボランティアのすすめ』ぎょうせい、一九九五年。

（3）金子郁容『ボランティア―もうひとつの情報社会』岩波書店、一九九二年。

（4）総理府『生涯学習とボランティア活動』平成六年。

（5）文部省『社会教育調査報告書』昭和六二年、平成二年、平成五年。

（6）文部省生涯学習審議会答申「今後の社会の動向に対応した生涯学習の振興方策について」平成四年。

（7）山本かおり「学習と楽しみ」国立教育研究所生涯学習研究会編『生涯学習の研究（上巻）』エムティ出版、一九九三年。

6章　心を育てる国際バカロレア・プログラム

1　なぜいまボランティアなのか

「二〇世紀は《人間性》というものが再起不可能なまでにダメージを受けた時代[1]」であるという。わが国の二〇世紀は、その前半を度重なる戦争、そして、その後半を経済成長と物質的な豊かさを求める中で過ぎていくものであった。

「再起不可能なまでのダメージ」とはどういうことか。ファッションデザイナー山本耀司は次のように語っている。「二〇世紀に人間は限度を超したということ。人間のイマジネーションを超した。核兵器のことです。それはこれまで人間の想像がつかなかったことだろうと。ぼくは知性や学問とは限度を勉強することだと思うんですが、そこを超しやがったというのが一番大きいと思います[2]」。このような二〇世紀に生じた人間性へのダメージとは、理性が狂気の歯止めにならなかったこと、そのことが人間への不信感としてわたしたちに深く意識化されたということであろう。

核兵器、そして、その後の経済至上主義の展開。人類が倫理感や個々の生活を無視し利益や権力を求めた姿は、日本人の戦後復興の過程においても同様に見られる。経済の発展には光と影の部分がある。ひとの多くは、著しく合理的生活を志向し、ものごとの効率化を求めるがゆえに逆に時間に追われ、人間性を隅に追いやりながらも無我夢中で走ってきたと言える。さらに、そういう中にあって、現在社会が直面するグローバリゼーションといった経済の激しいうねりは、公的規制の緩和・撤廃を背景にモラルを越えて市場メカニズムを浸透させつつある。ゴミは都会から田舎へ廃棄され、先進国のドラッグ使用のために貧困状況にある国でドラッグが商品化されていく。途上国のひとびとが生計を得るために熱帯雨林は伐採され、臓器売買が市場として成立する。需要と供給が一致すれば、そこには人間性や道徳が介在する余地はないのである。

人間や社会に必要な財やサービスのなかには、「市場の欠落」と呼ばれ(3)市場がカバーできないもの、福祉や教育などの市場原理になじまない領域があるが、そのような領域にまで市場メカニズムの論理が適用されようとしている。この新自由主義と呼ばれる経済思潮の特徴は、強者・強国の論理があること、人権感覚に希薄になること、大企業体制の弁護論になること、知的・倫理的退廃傾向が生じることに(4)認められると言う。それは、戦争と市場という競争の土俵が異なるだけで、人間性を放棄せざるをえない危険性を伴うものである。

村上龍は、「資本主義が高度に発達した市場社会では、何かを売らないと生きていけないということが日々アナウンスされている。会社に行ってもただ窓際に座っているだけというサラリーマンは自分の時間を売っているのだ。売るものを何も持っていない人間は、自分の体や内臓やプライバシーを売らなければならない場合がある」と現代の資本主義の本質を表現する。(5)

社会的な影響を実証することは、ときに困難であるが、社会で喧伝される経済至上主義が、浸透することによってもたらされる子どもへの影響は計り知れないと推察される。地方都市の繁華街は、昔からの地元の店舗がなくなり中央資本の画一的な量販チェーン店が軒を並べる。駐車場のスペースを持つ大きな郊外型のショッピングセンターへと消費者を奪われ、街自体が閑散としているところもある。このような中で、子どもたちは、地元文化を喪失し、地域から浮遊し、自分自身もとらえられずに、商品価値として自分の何かを売らなければならない社会に対して、心を失っていくのではないだろうか。

栃木県の小学校教師である永山彦三郎は、ここ三〇年の間に地方の持つ良さが姿を消し、その空白に消費文化的なものが、バックボーンなしに移植され、地方の空洞化、東京発の消費社会と情報社会の下請け化が進行していることを指摘している。そのような中で、いまの子どもたちは、あきらめから刹那的に生き、自分の魂をどこに持って行っていいのかわからないいらだちを抱えていると言う(6)。

二一世紀に入り、わたしたちは、ある種の気持ちのゆり戻しに直面している。それは、大きく言えば人間性を取り戻そうとする根源的な願望である。経済効率主義や消費主義が駆逐しようとする無駄なことや時間がかかること、そこに人間的な本質が存在していることを知るのである。教育というものが、ときに理想主義的な側面を持つのは、このような人間性への限りない可能性、個人が持つ能力の無限の潜在性を期待するからではないだろうか。時間がかかり、結果がすぐに表れないような無駄に思えることや非効率的なことが、ときに子どもの感性を豊かにするために大きな意味がある。子どもにとってのボランティアはその一例なのである。ボランティアを通じて、地域に関わっていくことが子どもの人間としての心を育てるのであれば、このような交流を教育の場面で、守り育てることが大事であろう。

子どもの心を育てることがボランティアの第一の理由とすると、ボランティアが教育の場面で求められる第二の理由は、子ども自身が社会との接点を持ち、地域社会の一員であることを認識することが子どもの社会化の過程において必要不可欠なことだからである。子どもは、親から社会へと世界をひろげる。しかし、実際の社会化の過程において、心理的空間が非常に狭く社会性のない子どもの問題が教育関係者から指摘されることが多くなった。その背景には、核家族の中での母子密着や、表面的な友人といった狭い人間関係、長時間のテレビゲームやパソコンなど自分ひとりの世界への逃避や携帯電話への執着などが挙がっている。

このような状況にある子どもは、固定観念にとらわれやすく、自分の思いどおりにならない現実を受け入れられず、非現実的な世界や限定された世界に逃避するようになる。著しく狭い心理的な空間の中で、現実社会の片隅に

表6-1　自己世界が狭い子どもの事例

自分だけのルール　男子　8歳（小学生） 縄とびを貸さないといわれ、急に砂や石を持って投げようとした。逃げると追いかけ、うーと言い始め、体が堅くなり目つきが変わり、教師がとめると教師に対して足げり、暴言、職員室にある机、書棚を蹴飛ばした。自分の興味のあるものがあると怒っていても急に別人のようになる。自分だけのルールがあり、周りの子がそれを破ると怒る。自分の気持ちが先になり、周りの人のことが考えられない。テレビゲームが大好きである。家庭での食事はチョコパンなど子どもが好きなものが中心で、野菜はほとんど食べない。父母ともに厳しく、言いつけを守らないと叩く。親は、「自分の子どもだけが悪いわけではない。興奮状況に追い込む学校が悪い」と子どもの前で担任に言う。家の跡取りという考え方があり、子ども中心に動いている。

逼塞している子どもが増加していると言えよう。[7] 表6−1はそのひとつの事例である。

自分を実感として認識するには、他人との交流を通じ、クーリーが「鏡の中の自分」と定義[8]したように相対的に自分を知ることが必要である。同時に身体の感覚として自分を認識することも求められる。しかし、斎藤孝は、自分の身体に〈中心感覚〉が失われているため身体的にも自分という感覚を持てない子どもの問題を指摘する。[9] 実際に、体を使い、戸外に出て行き、様々な人と交わることが自分を知るためには重要であり、子どもの心身発達上ないがしろにできないことであろう。

現代社会はおそろしく孤独を強いる社会である。ひとはばらばらになり、人と人とを結ぶつながりを見つけられずにいる。多くは、自分を隠し、現実の社会のあり様に適応しようとしながら、その中で自分というものを見失う危うさに直面しているのではないか。自己の存在が希薄化していくのは、自分が主体的に他者との関わりを持てないからであり、他人から認められるという実感がないからである。子どもたちは、自分を認めてほしい、自分をわかってほしいと訴えることが多いが、そもそも自分で自分というものも理解できない子どもが大半なのではないだろうか。

子どもに社会奉仕活動やボランティア活動はなぜ必要か。子どもが社会につながること、人と人がつながることが、現代社会では本当に難しくなってきている。強い個人を求める経済思潮にあって、競争に勝つための個人主義的な意識が強くなってきているのも事実である。しかし、ひとはお互い助け合って生きていくものであり、社会はそのような相互扶助で成立していくことを理解することが、子どもの心身の健全な発達や、社会基盤成立のためにも求められているのである。

2　創造性・活動・奉仕（CAS）プログラムに見るボランティア

それでは、教育場面で具体的にどのようにボランティアを扱うのか。

中央教育審議会が平成一四年七月に出した答申「青少年の奉仕活動・体験活動の推進方策等について」を受けて、学校教育法の一部改正が行われ、小、中、高等学校のカリキュラムの中で奉仕活動・体験活動が推進されることになった。諸外国の学校カリキュラムとしては、アメリカにおける「社会サービス学習」（community service learning）と呼ばれるもの、あるいは、イギリスの市民学習（citizenship education）カリキュラムの一環としてのボランティア活動など多くの例が見られる。ここでは、それらの中で特にカリキュラム上にボランティアを位置づけた点で長い実績を持つ国際バカロレアにおけるプログラムを紹介したい(10)。

(1)　国際バカロレアの概要

国際バカロレアは、もともとは母国を離れ、諸外国のインターナショナルスクールで教育を受ける在外子女に大学資格を与えるために創設されたものである。二〇〇二年一月現在、インターナショナルスクールだけでなく欧米を中心とした私立、公立学校、一〇八カ国一〇〇二校で採用されている。日本の学校では、静岡県沼津市にある加藤学園暁秀高校が採用している。

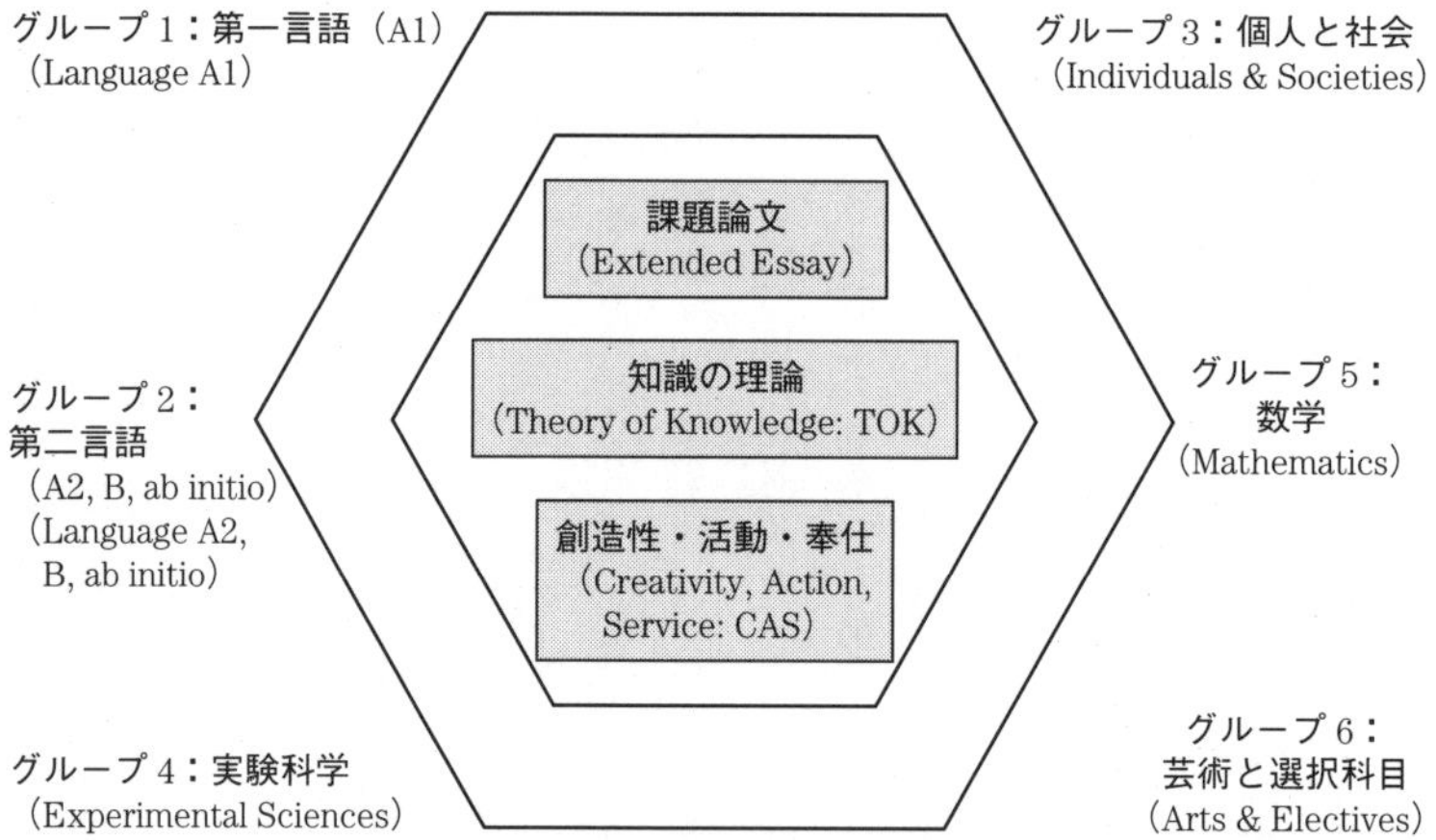

図6–1　ディプロマ・プログラム

国際バカロレア・プログラムは、小学校、中学校、高等学校を網羅する三つのプログラムを擁するが、そのうち、高等学校終了前二年間に相当するプログラムがディプロマ・プログラムと呼ばれるものである（図6–1）。

ディプロマ・プログラムは、英語、フランス語、スペイン語の三言語のうちいずれかを選択して実施されるものであり、六つの学科分野（グループ1：言語A1、グループ2：第二言語、グループ3：個人と社会、グループ4：実験科学、グループ5：数学、グループ6：芸術と選択科目）から各一教科を選択することに加え、「課題論文」（独自の調査研究に基づく八〇〇〇字以内の学術論文）、「知識の理論（Theory of Knowledge）」（国際理解につながる二年にわたる講義と演習及び、それに基づく小論文作成）、「創造性・活動・奉仕（CAS：Creativity, Action, Service）」（芸術、音楽、演劇などの創造的活動、スポーツ活動、奉仕活動、以下CASプログラムとする）が修了要件として課される。このうち、CASプログラムは、「創造性」（Creativity）、「活動」（Action）、「奉仕」（Service）のそれぞれ五〇時間、合計一五〇時間の活動からなり、毎週半日分（約三時間から四時間）に相当する時間が、芸術、スポーツ、ボランティアなどに充てられている。CASプログラムの「創造性」は、日本では美術や芸術などの授業、「活動」はクラブ活動や課外活動に類するものであり、「奉仕」はボランティア活動に相当するものである。CASプログラムは、全人的教育の一環して、他者への共感、社会的責任を育成しようとする国際バカロレア・プログラムの中核として位置づけられている。このことは、経験や体験が、教科学習の知的基盤となり、また知識を補完するものとして国際バカロレア・プログラムにおいて重要視されているということであろう。

(2) CASコーディネータ

CASプログラムの実施にあたっては、学校内にCASコーディネータとよばれる担当者がおかれる。CASコーディネータは、政府機関、社会サービス機関、環境団体、YMCA、YWCAなどの国際組織など外部機関と協力し、生徒の興味・関心と関連した体験の機会を提供するための連絡調整を行う。CASコーディネータは規模の大きい学校では専任であるが、通常のインターナショナルスクールでは、国際バカロレア全体のコーディネートを行う国際バカロレア・コーディネータ、あるいは、教科を持っている教師が兼任する場合が多い。CASコーディネータの採用にあたっては、体験学習のトレーニングを受けているスタッフかどうかを考慮するほか、採用後もCAS会議への出席や専門フォーラムの活用により、国際バカロレア事務局が現職担当者の職能開発を行っている。国際バカロレア事務局がCASの研修を重視するのは、CASコーディネータの資質やコーディネートのあり方の如何により、それぞれの子どもに教育的効果をもたらす充実したCASプログラムを提供しうるかどうかが大きく左右されるからである。

(3) CASの内容

場合によっては、「創造性」「活動」「奉仕」の三つの活動内容が重なる場合もある。表6-2は、国際バカロレア事務局が提示している「優れた実践例」の内容を抜粋したものである。この表から、CASプログラムの実践例が、

表6-2　CASプログラムの優れた実践例

	内　容	役　割	課　題	達成内容
学校内の活動	泳げない児童への水泳指導（活動・奉仕）	水泳指導員	他者への知識や技能の伝達	子どもたちが楽しみ運動し泳ぎを覚える
	ソフトボールチームコーチ（活動・奉仕）	ソフトボールコーチ	他者への知識や技能の伝達	子どもたちが楽しみ、運動し、プレーを覚える
	下の学年へのギター指導（創造性・奉仕）	ギター指導	一緒にギター演奏	音楽技能の向上
	学校新聞の作成（創造性・奉仕）	新聞記者	新聞発行	制作記事の掲載
地域での活動	移民の子どもへの語学教授（創造性・奉仕）	語学教師	授業の準備と指導	受入国言語によるコミュニケーションを教え、教師と連携
	児童の野外キャンプの企画（活動・奉仕）	キャンプリーダー	キャンプの企画、実施、児童の引率	参加者への意義深い経験の提供
	海洋流油汚染やくずの清掃（活動・奉仕）	環境整備	汚染の清掃	環境の改善
	緊急隊（救命ボート、山岳救助隊）の運営（活動・奉仕）	救命ボート隊員、山岳救助隊員	生命救助	ひとびとを救助
国際的活動	模擬国連会議参加（創造性・奉仕）	会議運営社	管理運営	政治や人類愛の認識を強化、説得的議論の技術向上
	アムネスティ・インターナショナル、世界自然保護基金（WWF）の寄付金集め（創造性・奉仕）	募金・キャンペーン推進者	管理運営と募金	人権や環境問題への認識、組織運営能力の強化
	CASホームページ作成（創造性・奉仕）	ホームページ作成者	他校の生徒に役立つホームページのデザインと更新	国際的な考え方、態度、価値観を共有
	自然災害の犠牲者の支援（創造性・活動・奉仕）	事前事業キャンペーン推進者	犠牲者に毛布、テント、食糧、衣料品を募り配布	被害者への実際的支援

出典：国立教育政策研究所内国際カリキュラム研究会「資料：創造性・行動・奉仕（CAS）」『国際バカロレア・プログラムの評価基準及び大学との接続に関する調査研究』2002年、146-150頁から抜粋作成。

学校内、地域、国際的活動と広く存在することがわかる。

CASコーディネータは、このように生徒一人ひとりの適性や希望を考慮し、ボランティア先を斡旋する。日本の教育場面で奉仕活動・体験活動が一律に実施され強制的との批判があるとすれば、生徒の適性や希望に沿ったきめ細やかな対応を可能にするコーディネート機能が十分に働くための制度的充実の途上にあるからではないだろうか。

CASプログラムでも「奉仕」先の選定に苦慮している姿がうかがえる。例えば、学校全体で奉仕プログラムを共通に行う場合がある。このようなプロジェクトでは、貧困地域に住居を建築するハビタット・フォー・ヒューマニティ・プロジェクト（Habitat for Humanity Project）[11]などの国際的なプロジェクトに学校が組織的に参加し、集中的に奉仕活動を実施することになる。このように、奉仕先の選定には手間暇がかかり、ボランティアの教育的効果を最も左右するものである。

国際バカロレアとは異なるが、外部の専門家と一緒にボランティア・プロジェクトを総合的に実施した実例を参考までに表6-3に掲載する。このステップを見ると、ボランティアの教育効果は、教師などの関係者と生徒が、ボランティア活動を企画・実施するためにどれだけの時間と労力をかけるかによっているということが想像しえるであろう。

(4) CASの評価

CASプログラムの評価は、①生徒が作成する「活動や取り組みの記録（CAS日誌、写真やビデオなど視覚的証拠やファイル、参考資料）」、「CAS活動自己評価報告書」、「最終まとめ報告書」、②奉仕活動をした場所での「監督者の評価」、③学校で作成する「CASコーディネータの評価」に基づき行われる。

生徒は、CASプログラムを通じての個人的成長、経験を通じての理解、スキル、価値観の変容、有用性、自分

表6-3　学校の中でプログラムを実施するステップ

地中海とイオニア海の海洋生活への関心を喚起：海洋生物の生態の美しさ、豊富な海洋資源、破壊や汚染から守ることの重要性を認識
研究者、写真家やビデオ撮影者がボランティアのために、海洋生活のドキュメントフィルムを作成する研修実施
・研究代表者が校長と連絡をとり、ボランティア中に実施する活動内容を説明
・何をするかを説明するため教師たちと２、３回打ち合わせを実施
・生徒たちに、ビデオ、写真やデータを示して、ボランティアの基本的目的を説明する打ち合わせを実施
・ボランティア、教師と生徒で海岸まで小旅行を企画
・生徒をチームに組織し、必要な資料（ノート、カメラなど）とともに役割を付与
・プログラムに応じて小グループを組織化
・ガイドや指導者としてプロジェクトで決定された準備を遂行
・ボランティア場所の訪問
・学校に戻り、集めた資料を現像、加工、描写
・整理
・教室や会議で結果について議論
・学校の雑誌に結果を掲載
・ほかの学校と会合を企画
・新しいボランティア活動を熟慮
・学年の最後にビデオやほかの資材で展示会を企画

資料出所：W. Bax and J.R.Moens, *Training of Volunteers, Project report,* A.E.Monographs, 1997, pp.92-93.

の長所、短所についての認識などにより自己評価を行うよう指導される。しかし、CASプログラムの真の教育的意義は教育プログラムの短期的な教育効果を超えて、生徒の人生を導く貴重な体験を形作ることにある。例えば、実際に国際バカロレアのディプロマ・プログラムを受けた学生の体験談を見てみたい。表6-4は、パリのインターナショナルスクールでCASの活動としてある老人ホームで行った奉仕活動の実践例である。高校生であった生徒にとって、異国の地で人生を考える貴重な体験であったことが文面からにじみでている。

そもそも国際バカロレアは、小論文執筆など課題が多く、それらをこなすには並々ならぬ知的エネルギーが必要である。日本人にとっては、さらに英語、仏語などの外国語で勉強することになるため、その負担は大きい。国際バカロレアの課題を遂行するためにパリにいて身近な美術館や観光地に行くヒマもなかったと述懐するものもいた。そのため、このようなCASプログラムは、必修であったがゆえに、知的な学習で日々追われている

表6-4　CASプログラムの体験談

老人ホームの訪問

週２回、学校の近くにある公設老人ホームを訪問して、紹介してもらったお年寄りと共に時間を過ごす、という内容でした。当時お年寄りの介護のあり方について自分の中で問題意識があったので、フランスではどのような状況なのか興味があったのです。CASに従事した約２年間で４人のお年寄りの相手をしましたが、その中で最も印象深い、初めて相手をしたお婆さんの話を少し書いてみたいと思います。

その方は93歳で、すでに旦那さんと息子さんを亡くされていました。内心初めて会う前は、フランス人でない私に普通に接してくれるのだろうか……という心配がありましたが、そんな心配は全く無用でした。訪問するたびにどんどん心を開いてくれ、まるで自分の孫のように私のことを可愛がってくれました。私もその部屋で過ごすことがとても息抜きになる時間だったので、週２回の枠を超え、週末や長期の休みの間も会いに行くようになりました。

大半の時間は彼女の部屋でお喋りをしながら過ごしました。彼女は若いころの話をするのがとても好きで、仕事のことや家族のこと、どうやって旦那さんと知り合ったか、どうやってプロポーズされたのかを本当に楽しそうに話してくれました（お年寄りはびっくりするほど細部まで昔のことを覚えているものです）。その話の中には昔のパリの香りがし、その情景を頭に浮かべながら聞くのがとても楽しかったものです。また私の相談にものってくれ、私よりも70歳以上の人生の先輩から様々な格言をいただきました。

それ以外の時間は彼女と一緒に新聞を買いに行ったり、他の部屋のお年寄りと一緒に合唱クラブに参加して童謡を歌ったり、老人ホームの中にある美容院に行ってパーマをかけてもらうのを見たりといろいろな経験をしました。

ある夜、彼女は寝ている間にベッドから落ちて全身を打ち、病院に入院しました。私は１回お見舞いに行きましたが、それから数日して息を引き取りました。お葬式にも参列し、彼女の遠い親戚という人から彼女の遺品をいただきました。

この体験は私にとって成長の糧になりました。人間が生きるために何が必要か、人生の終わりはどうあるべきか、そして人が死ぬということはどういうことかなど真剣に考える機会を与えてくれました。

（1993年10月-1995年5月、Ecole Active Bilingue Jeannine Manuel、小笠原亜美）

出典：岩崎久美子「国際バカロレアディプロマ取得者の大学との接続について」国立教育政策研究所内国際カリキュラム研究会『国際バカロレア・プログラムの評価基準及び大学との接続に関する調査研究』2002年、38頁。

生徒にとっては、逆に息抜きの時間としての側面があることも指摘されている。ボランティア活動の意外な効用とも言えよう。ＣＡＳの体験者は「ＣＡＳプログラムがなかったら、それ以上に勉強一色の生活になっていたかもしれない。そう考えると、強制的でも運動をし、人のために時間を費やすことは、休息と呼べる時間となるのかもしれない[12]」と語っている。

3　ボランティアの教育的意義とは

最後に、国際バカロレア・プログラムの実践を手がかりに、教育におけるボランティアの意義を再考すれば、次の四点にまとめられよう。

第一に、子どもの世界が広がる。ボランティアは、社会と切り離されて小さな世界に完結して暮らしている子どもに、その活動を通じて社会との接点をもたらす。他人との関わりから、子どもは自分の存在意義を認識し、生きていることの実感と自分とは何か真摯に対峙することになる。「じぶんはたとえ無名のひとりであっても、だれかある他者に対して意味のある場所に立つことができる。助かった、とひとこと言ってもらえる。もっといてほしい、とじぶんの存在が求められる」(13)。自分という殻に閉じこもり、他者を意識しない生活から、ボランティア活動を通じて、生き方や社会を考える機会を持つようになる。自分が納得できる活動は、たとえ苦労があっても、人は厭《いと》わないものである。どんなに汚い仕事、厳しい仕事でも、自分のやっていることが役に立つという直接的な実感を持てるのであれば、その活動に没頭できるのであろう。

第二に、これからの時代は知識創造社会と言われる。知識を創造する根底にあるのは、多くの体験、感性なのである。小児科医の三好邦雄は、アメリカの数学者が誰も解くことができなかった難問に行き着いたのは、理論を武器に推し進めた頭脳の活動というよりは感性であったという逸話により、知識は、感性に握られている道具であり、早くから、頭を使うことで、感性は衰えていくという話を紹介している(14)。感性とは、心の動きである。学力低下が盛んに叫ばれる中で、詰め込んだ知識が簡単に剥離していくのは、実は、それを受け止める知的な器の容量が小さく、知識を繋ぎとめる糊となるような体験や経験がないからではないだろうか。

ボランティアは非効率な時間を要する。ボランティアに費やす時間が学力を低下させるとの危惧を持つ保護者が

表6-5　25歳以下の失業者（6カ月以上）への5つのオプション

①民間部門で就労（雇用者は6カ月間にわたって週60ポンドの就業補助金）
②起業
③非営利ボランタリー部門の雇用者とともに働く（6カ月間補助金と同じ額に、一定の上乗せ額を週給として支払う）
④職業資格のない若者の認定されたコースでのフルタイム（全日制）の学習
⑤レイバーの市民サービス・プログラムにリンクした環境保護団体の仕事

資料出所：http://www.newdeal.gov.uk

いるのであれば、ボランティアは、机上で知識を学ぶ以上に学力育成においても、また、感性を豊かにすることにおいても有意義な時間を提供してくれる、と回答すべきである。豊かな学力には、実は急がば回れ式に一定量の体験活動が必要なのである。おそらく、これまで子どもは、戸外の遊びを通じて、そのような感性を知らず知らずの中に育ててきたのであろう。国際バカロレアのCASプログラムは、このような知的能力を育成するための経験・体験の意義を認め、教育プログラムとして組織化、実践させるものと言えよう。

第三に、ボランティアは、就職の前段階としてのインターンシップの側面を併せ持つ。例えば、イギリスの現ブレア政権が推し進める福祉の近代化施策（ニューディール政策）では、仕事をもたらす福祉（welfare to work）施策として、表6-5に見られるように、五つのオプションが提示されている。そのうち、③の非営利ボランタリー部門の雇用者として働くことや⑤の市民サービス・プログラムにリンクした環境保護団体の仕事などは、ボランティアが失業者の雇用促進施策の一環として取り上げられている例と言えよう。

現在、日本でも社会にうまく移行できず定職につかない若者の増加が、社会問題として懸念されている。労働市場は需要と供給によって成立するが、長引く景気の低迷や業績不振で企業が新卒の採用を手控え、若手の働き口は減少している。二〇〇三年卒業予定の大学生の求人数は五六万人で前年よりも一万三〇〇〇人減少する推定がなされている。このような新卒者の採用減も影響しているのか、総務庁「労働力調査」によれば、一五～二四歳層の完全失業率を見ると、一九九三年の五・一%から二〇〇二年には九・

九％へと増加している。

この数字を大学、短大、高校を卒業後、進学や就職をしない「無業者」（積極的に職探しをしている失業者や家事手伝い、外国の学校に入った人のほか、働く意欲のない人などを含む）で見ると、二〇〇二年三月卒業者全体で約二八万人に達する。卒業者に占めるこの「無業者」の割合は、二〇〇二年に大卒が二一・七％と五人に一人が「無業者」で過去二番目に高く、高卒は一〇・五％であり過去最高の値となっている。[15]

このような無業者は、アルバイトやパートタイムの形態で就業する場合が多く、フリーターと呼ばれる層である。日本労働研究機構の調査で、フリーターの実態を見てみると、雇用先の多い首都圏、関西圏での比率が高く、女性、二〇歳代前半が多いことが指摘されている。これらのフリーターは、将来定職に就くつもりの者が多く、おおむね週五日、一日八時間程度働き、月収一〇～一五万円で、職種はサービス・販売系が多い。また、フリーターになった理由を分類すると、自由や気楽さを求める「モラトリアム型」、やりたいことを重視する「夢追求型」、希望する定職がないための「やむをえず型」の三つにタイプがわけられると言う。[16]

就職した場合でも、景気後退期で転職先が見つけにくいにもかかわらず、自発的早期離職の割合も高い。就職一年以内の離職者比率は、大卒男子で一二・〇％、同女子で一七・三％、高卒男子で一七・三％、同女子で二五・六％となっている。[17]また、高卒の約五割、大卒の約三割が就職後三年以内に離職し、[18]若年層ほど早く辞める実態が指摘されている。フリーターや早期離職者の現象の背景には、親と同居し経済的な豊かさがあると言われている。

このような若年層の就労意識と行動に対して、進路選択が遅れた生徒が無業者になる率が高いとの結果から、[19]職業意識を育て、適切な進路ガイダンスが教育場面でなされることの重要性が指摘されてきている。国際バカロレアのCASプログラム経験者の言葉にも、「高校時代は自分の進路を決めるのに悩む時間が多くなりますが、そのような時期に学校という枠から離れ、社会参画をし、社会を知ることは、とても刺激になると思います」とある。[20]社会に接することが職業意識を形成する土壌として必要なのであろう。

第四に、市民の活動領域が拡大している。新しい市民社会では、同一地域内に居住する昔ながらのコミュニティ意識と異なる、それとは別の小規模団体内に育まれるコミュニティ意識が生じる。[21] 先進国の多くに認められるように、小さい政府が志向されてくると、市民セクターの役割は大きくなる。しかし、イギリスでは、最近の青少年の傾向として、地域社会への帰属感が希薄であり、市民意識や社会性が育っていないことが喚起されている。

このような青少年の実態から、イギリスで市民学習を推進しているCSV（コミュニティ・サービス・ボランティアズ）では、地域社会でのボランティア活動により市民としての青少年を育成することを活動の中核としている。ここでは市民性を、狭義には、社会的存在としての権利と義務の理解、民主主義の機能の理解、生活技術を身につけることとし、広義には、一人ひとりが社会のメンバーとしての帰属意識と社会の中での役割を持って行動することととらえる。[22] そのため、ボランティア活動は、地域社会とつながるひとつの契機であり、将来の市民としてのあり方をシミュレーションする機会なのである。

以上の四点を考えれば、ボランティア活動は、子どもの世界を拡げ、子どもが自分を知り、そして、社会とつながるために自分の人生や未来をどのように切り開いていくかを考える場を提供するものであることがわかる。新しい市民社会の担い手である子どもを育む。ボランティアは、自発性・無償性・公共性[23]を持つ他者への働きかけであるが、実施する子どもにとっては、他者が受ける以上の恩恵を自分自身が受け取るものと言えよう。

村上龍は、その小説『希望の国のエクソダス』の中で、主人公の中学生に、「この国には何でもある。本当にいろいろなものがあります。だが、希望だけがない」と語らせている。[24] 希望というものを、わたしたちはどこに求めていけばよいのであろうか。

将来に希望を持てる社会を作るためにも、子どもが社会に参加し、その一員としての意識を持つことが、個人が強調されるグローバリゼーションの時代にこそ求められているのであろう。個人の確立のために、経験や体験を教育プログラムに入れていくことは、人為的ながらも、現在子どもを取り巻く社会状況の中では必須のことと思われる。

ボランティア活動がどのように教育場面に根付くかは、それに関わる多くの人々の善意や努力を要することである。なぜならば、ボランティア活動を運営することは、ボランティアが生み出す可能性と同様、あるいはそれ以上に時間と手間がかかることだからである。しかし、これからの子どもが希望を持って社会を担うためには、その架け橋となる働きかけが、社会側から、そして大人側の責務として求められているのではないだろうか。

注

（1）鷲田清一『死なないでいる理由』小学館、二〇〇二年、五六頁。
（2）前掲書、五八頁（山本耀司、引用は鷲田）。
（3）二宮厚美『現代資本主義と新自由主義の暴走』新日本出版社、一九九九年、二九頁。
（4）前掲書、一二五頁。
（5）村上龍『恋愛の格差』青春出版社、二〇〇二年、三五頁。
（6）永山彦三郎『現場から見た教育改革』筑摩書房、二〇〇二年、九〇―九七頁、一一七頁。
（7）岩崎久美子「「キレる」子どもの様態別類型化」（国立教育政策研究所内発達過程研究会『突発性攻撃的行動および衝動を示す子どもの発達過程に関する研究』）二〇〇二年、六〇頁。
（8）Cooley, C.H. *Human Nature and the Social Order*, Charles Scribner's Sons, 1902.（ただし引用は、船津衛『自我の社会理論』恒星社厚生閣、一九八三年、三五頁。）
（9）斉藤孝『身体感覚を取り戻す』日本放送出版協会、二〇〇〇年、四―五頁。
（10）文部科学省大臣官房国際課「国際バカロレアの概要」二〇〇二年三月。岩崎久美子「国際バカロレアディプロマ取得者の大学との接続について」国立教育政策研究所内国際カリキュラム研究会『国際バカロレア・プログラムの評価基準及び大学との接続に関する調査研究』二〇〇二年。
（11）http://www.habitat.org

(12) 岡田恵佳氏体験談から。引用は、岩崎久美子「国際バカロレアディプロマ取得者の大学との接続について」国立教育政策研究所内国際カリキュラム研究会『国際バカロレア・プログラムの評価基準及び大学との接続に関する調査研究』二〇〇二年、二六頁。
(13) 鷲田清一『じぶん・この不思議な存在』講談社現代新書、一九九六年、一四七頁。
(14) 三好邦雄『失速するよい子たち』角川書店、二〇〇一年、二一八―二二三頁。
(15) 『日本経済新聞』二〇〇二年八月一六日朝刊。
(16) 日本労働研究機構『大都市の若者の就業行動と意識―広がるフリーター経験と共感』調査研究報告書、二〇〇一年、No.一四六、五頁。
(17) 前掲書、三頁。
(18) 『日本経済新聞』二〇〇二年八月一六日朝刊。
(19) 日本労働研究機構、前掲書、七―八頁。
(20) 小笠原亜美氏体験談から。引用は、岩崎久美子「国際バカロレアディプロマ取得者の大学との接続について」国立教育政策研究所内国際カリキュラム研究会『国際バカロレア・プログラムの評価基準及び大学との接続に関する調査研究』二〇〇二年、四一頁。
(21) アンソニー・ギデンズ、佐和隆光訳『第三の道―効率と公正の新たな同盟』日本経済新聞社、一九九九年、一四〇―一四一頁。
(22) 「ジョン・ポッター氏の講演より」『ネットワーク』（福祉広報別冊）一九九九年四月、一二頁。
(23) 内海成治・入江幸男・水野義之編『ボランティアを学ぶ人のために』世界思想社、一九九九年、五―一一頁。
(24) 村上龍『希望の国のエクソダス』文藝春秋、二〇〇二年。

7章　ボランティア活動の活性化のために

1　ボランティア活動の「物理的障害」

通常わたしたちが、ボランティア活動に参加しようとする場合、生活のなかで自由になる時間をもっているということや、経済的に余裕があるということが必要な条件となっている。というのもボランティア活動に参加する人はすべて、一方で本腰を入れて取り組まなければならない領域をもっているからである。職業についている人に関してはいうまでもなく、学生であったら学校に行ったり勉強をしなくてはならないし、専業主婦であったとしても家族のために拘束される時間がある。

このように自分自身や家族以外の誰かのために、自らの労働力、技能を提供するには、まず各個人が自分の生活のパターンにあわせて、ボランティア活動に参加するための、経済的余裕と時間的余裕を捻出することが必要となってくる。現在、昔に比べより多くの人々がボランティア活動に参加できる物質的な余裕をもつようになり、「ボランティア活動に参加してみたい」「何かひとの役にたつ活動をしてみたい」と考えるようになってきている。潜在的なボランティア人口は増加したといえるであろう。しかし、ボランティアをする意志をもっていることと、活動に参加することとはまた別のことがらであることも否めない。

こうした漠然としたボランティア活動に対する意志を現実の活動へとつなげてゆくためには、本人の意志とは別に、ボランティア活動を促進する社会的な条件を整備してゆくことも一方では重要な課題である。

たとえば、フルタイムで働いているサラリーマンがテレビで日本海沖のタンカー沈没のニュースを見て、「重油回収のボランティアに是非参加したい」と思っても、一方で本業があり、すぐには活動に参加できない。しかしもし「ボランティア休暇」というものが会社に存在したらどうであろう。「ボランティア休暇」によって、参加が可能となる確率は、格段に大きくなることだろう。

また以前は、比較的に経済的にも時間的にも余裕がある人々がボランティア活動をしていたために、ボランティア活動にかかる実費は、ボランティア自身が個人で負担していた。人々の生活水準が上昇し、生活にある程度の余裕が生まれてくると、より多くの人々がボランティア活動へ参加しようという意志をもつようになる。しかし「余裕」の程度は個々人によって大きく異なる。

たとえば、ボランティア先へ週一回通うのに、交通費が往復三二〇円であったら参加できるが、往復で一二〇〇円もかかるのなら活動するのを躊躇《ちゅうちょ》するという人もいるだろう。ボランティアは、「プロ」に対する「アマチュア」という性格をもつ以上、自らが提供したサービスに経済的な見返りは求められない。が、現在、「有償制」の導入をめぐって、さまざまな議論がなされている。

そこで本章では、人々がボランティア活動に参加する際の物質的な「障害」となるものをとりあげ「障害」の高さを低くしてゆくような物理的援護策を考察したい。とくに時間やお金といった物理的な障害に焦点を当てて、ボランティア活動を活発化させる方策を考えてみたいと思う。

2　ボランティアに対する経済的援助――有償ボランティアの是非

(1)　有償ボランティア

現在、ボランティア活動のもつ「無償性」の原則の意味がゆらいでいる。

ボランティア活動の特質のひとつに、自らがしたボランティア活動に対して、金銭的な報酬を一切伴わない「無償性」の原則があげられている。しかし現在では、百パーセント手弁当の「完全自前主義」のボランティアばかりでなく、交通費・材料費・光熱費等活動にかかる実費は受け取ってもかまわないのではないかという「実費容認派」、さらに市価に比べ低額な報酬なら受け取ってもよいのではないかという「低額報酬容認派」まで「無償性」のとらえ方に広がりがでてきている。ここでは、有償ボランティアを例にとりあげ、ボランティアに対する経済的援助の問題を考えてみたい。

現在、有償ボランティアの典型的な形態としては、「時間預託制ボランティア」や「在宅福祉サービスの低額有料奉仕」とがある。「時間預託制ボランティア」とは、ボランティア活動のひとつの形態で、個人がボランティアに費やした時間を記録し、自分がボランティアの助けが必要となったら今度は自分がボランティアした時間に見合ったボランティアのサービスの恩恵を受けることができるというシステムである。一般的には時間預託制度と言われているが、現在では「ふれあい切符」という名称で広く知られている。

「在宅福祉サービス」は、介護や家事援助サービスを市場価格より低い料金で提供するものである。住民参加型在宅福祉サービスを行う団体が、営利団体と一線を画する点は、利益を追求するのではなく、あくまで市民の相互扶助のひとつの形態として位置づけているため、提供したサービスの見返りとして報酬を時間あたり六〇〇円程度と安くしている点である。

こうした有償ボランティアのシステムについては、賛成派、反対派、容認派（過渡期だからしようがない）から、さまざまな議論が出されている。ここで注意したいのは、有償ボランティアが問題となっているのは、もっぱら社会福祉における「在宅福祉サービス」の領域に関してであるという点である。そこで有償ボランティアの議論に入る前に、有償ボランティアの活躍している社会福祉の領域を明確にしておきたい。

(2) 「保障する福祉」と「参加する福祉」

岡本栄一は、個人の自発性に基づく「ボランタリーな運動や活動」と、法律や条例に基づいてなされる「制度的な対応」とを区別する必要があると述べている。法律や条例に基づく制度的な保障は、行政の施策や専門従事者によって実現されていくもので、これを「保障する福祉」と岡本氏は呼んでいる。「保障する福祉」の領域は、憲法第二五条「健康で文化的な最低限度の生活を営む権利」を保障する生存権に関わる領域である。

一方、公的セクターによって保障されるべき福祉の領域とは別に、市民がボランタリーな意志をもって参加する福祉の領域がある。そして市民による参加は、「運動としての参加」「参画としての参加」「活動としての参加」という三つの形態に分けることができるという。

図7-1は「保障する福祉」の領域に公的・民間・ボランティアといったさまざまなセクターが関わってきていることを示したものである。現在有償ボランティアに関する論議がなされている「在宅福祉サービス」は、本来なら行政が保障しなければならない「保障する福祉」の領域に入ることがわかるであろう。

(3) 有償ボランティアの是非

有償ボランティアに反対する意見としては、在宅福祉サービスに対して、交通費を除いて一時間六〇〇円程度の報酬を受け取る場合、それを「ボランティア」と呼ぶには疑問が残るというものである。現在、在宅福祉サービス

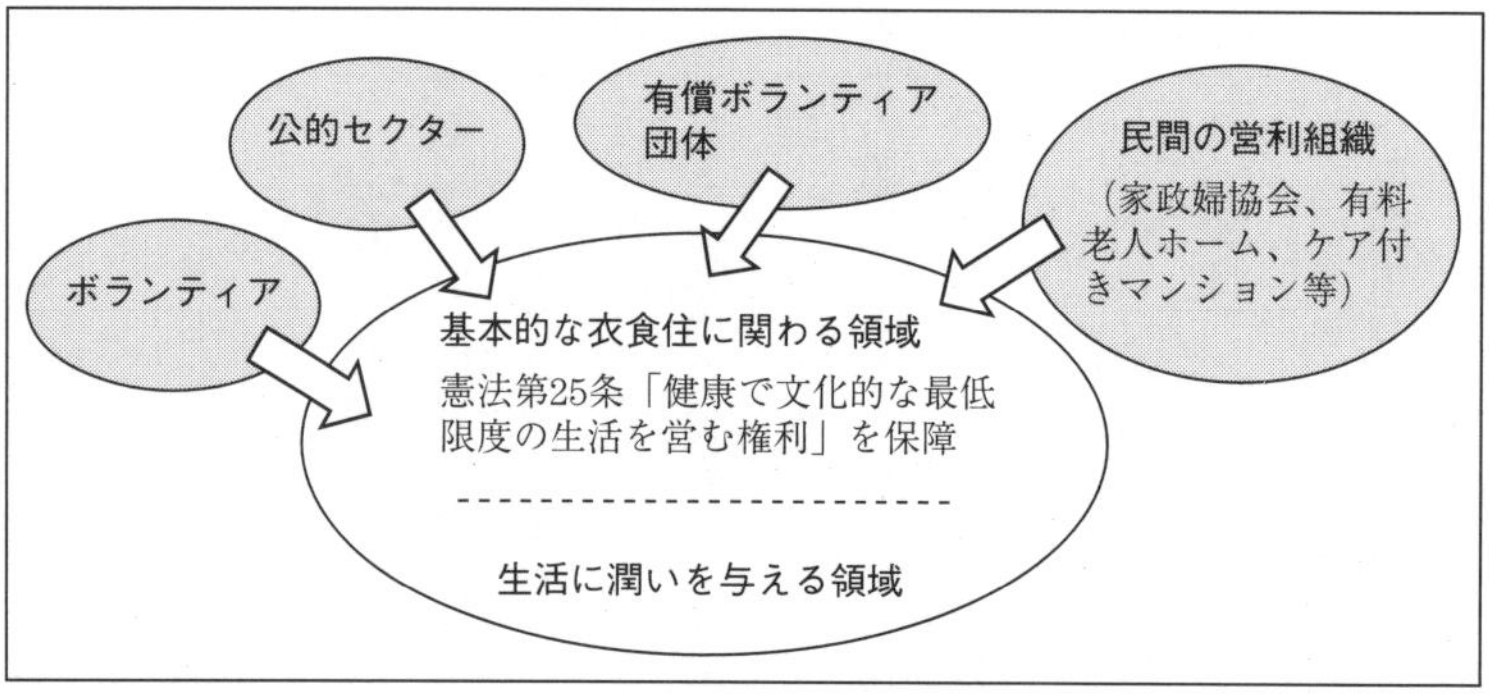

図7–1　ボランティアの領域

に対する需要が増大し、現段階では行政だけで、この需要に応えてゆくことは不可能である。やむをえず民間団体による有償の「ホームヘルパー」を派遣して、なんとかしのいでいるという現状である。つまり現行の有償の在宅福祉サービスはあくまで「過渡的なシステム」として位置づけているのである。したがって「ボランティア」と定義しないで、「ボランタリーな活動」として「ボランティア」とは違う性質のものとすべきである。またこの問題は「最低賃金制度」や「失業者の雇用」の問題とも関係してくる。

　容認派の意見としては、「有償ボランティア」として在宅サービスをするという試みは、市民のボランタリーな意志から出てきた活動であることには間違いない。有償ボランティア制度を開拓してきた団体の先駆性は評価すべきである。ただ、現在有償ボランティアが行っているサービスは、基本的には公的なセクターが保障すべき領域であるので、制度化してゆく方向に運動してゆくという試みも有償ボランティア活動と同時になされなければ、ボランティアとは呼べないであろうというものである。

　賛成派の意見は、ボランティアをしたいと考える人のなかには、時を惜しんでお金を稼がなければならないような人々や、失業者もいる。そのような人々がボランティア活動に参加できるようにし、その結果、ボランティアのすそ野が広がるのであれば、それはひとつ意味のあることである。また「慈善」型のボランティアは、基本的には経済的、時間的に余裕のある人々が、恵まれない人々に援助するという一方向的なボランティア活動である。しかし多少の金銭を媒介させることによって、ボランティアされる側は相手の善意を負担に感じなくてすむ。また組織性、継続性のある事業を展開できるという利点もある。

以上述べてきたように、有償ボランティアの問題は、本来ならば公的セクターが保障すべき社会福祉の領域にもっぱら関係している。そのため有償ボランティアが現在行っているサービスが将来的には公的セクターによって完全に保障されるべきであるという点に関しては、賛成派も反対派も同じである。公的セクターによる社会福祉が不完全であるため、現段階では有償ボランティアによるサービスも不可欠となっている。したがって、有償ボランティアを「ボランティア」のカテゴリーに入れるかどうかという議論は、このような現実がある以上、意見が分かれるところであろう。

しかし「参加する福祉」の領域、つまり話し相手や外出の際の介護など、生活に潤いを与える領域のサービスに関して、有償ボランティアが出てきたら、それは「ボランティア」とは呼べないであろう。

(4) 「ボランティア＝無償」？

ここではボランティア活動に参加する人々の活動への動機づけといった観点から、ボランティアの無償性のもつ意味を考えてみたい。有償ボランティアをめぐる議論から、ボランティアは無償であることも重要であるが、無償でもボランティア活動に参加するということも同様に重要である。ボランティア活動に参加する人々の主たる動機は決して経済的な目的ではないであろう。有償ボランティアとして在宅サービスを行っている人々であっても、「お金」を一番の目的にしているひとはほとんどいないはずである。

では人々を活動へと動機づけているものは何か。それは、ひとつにはクライアントに対する援助活動を通して、社会制度や構造、自分たちの社会の問題点を発見し、それを変革していこうという問題意識である。社会変革の問題意識を前面に出して、運動と密接に絡み合ったボランティア団体もあるが、そうでなくてもボランティア活動に参加する動機として、既存の社会制度、世間の常識に対する違和感は必要であろう。この点が、ボランティア活動を「奉仕活動」や「善意の活動」と一線を画する部分である。こうした自分の生きる社会に対して違和感を感じ、その改善に向けて自分のできる範囲で働きかけたいと思うから、無償でもボランティア活動に参加するのである。

先の有償ボランティアに賛成する意見のなかでも紹介したが、さまざまな経済的な状況をもつ人々にも、ボランティアの機会を等しくひらくという意味では、有償ボランティアも意義がある。一概に「ボランティア＝無償」と決めつけないで、これからは有償性・無償性の問題は、それぞれの事例に沿って考えてゆく必要があるだろう。

(5) ボランティア休暇・休職の制度

このような「有償性」と「無償性」のいわば狭間をいくような形で制度的になされる支援もある。

それが「ボランティア休暇」や「ボランティア休職」と呼ばれるものである。これは、企業や自治体などにおいて、その職員がボランティア活動に参加することに対して、一定期間の休暇または休職を認める制度である。期間は一週間程度の休暇から、半年から二年にわたる休職までさまざまである。休暇の場合はもちろん有給となるし、休職の場合も活動終了後の復職は保障される。また場合によっては休職中の給与や賞与相当額の全額もしくは一部が支給されることもある。

この制度が最初に導入されたのは一九八七年のことであるが、導入企業が増え始めたのは一九九一年以降のことである。一九九三年現在、ボランティア休暇・休職制度のいずれかを導入していると答えたのは二二・一％（日本生産性本部生産性研究所調査二二六社中）で、特に従業員規模が一万人以上の企業では半数以上が導入している。また、この制度に「関心がある」と回答した企業は八四・一％に上っている。とはいえ、その活動対象を「青年海外協力隊」に限っているところも多く（約半数）、まだまだ実際の利用状況も少ない模様である。企業側の制度の導入目的としては、ボランティア休職については「企業の社会貢献事業の一環」とするところが多く、またボランティア休暇については「従業員の生きがい増進に役立てるため」でもある。ボランティア休職中の職員に給与を支給する企業は調査中八〇・六％（そのうち全額支給四一・九％、一定率支給三八・七％）であり、この点についてはかなり充実した制度といえそうである。

この制度も基本的には、職員がボランティア活動に参加するための時間的また経済的余裕を制度的に保障して、できるだけその参加が容易になるようにしようという発想に基づく。こうした発想もまた、みずからの職員がボランティア活動にさくための時間やその間の給与といった「対価」を、当該企業なり自治体なりが負担することになる、いわば「有償」のボランティアであるといえるだろう。しかしこの場合支払われる賃金は、そのままボランティア活動に対する「見返り」となるというよりも、実質的には、ボランティアに時間をさくことによって生じるさまざまな「損失」のいわば制度的な「補填」である。その意味で、ふだんはなかなかボランティア活動に参加するための時間的・経済的余裕が持てないという人に対する、積極的な機会の開放となっているといえよう。また企業側としても、社会的な貢献をしているというアピールにもつながる。

このように「有償」と「無償」のあいだを縫って、一般の人々のボランティア活動を側面から支援しようとする制度が多く採用されつつあるということは、見逃せない動きである。この動きにそって、いくつかの大学でも、学生のボランティア活動に対して単位認定が与えられるようにもなってきていることをつけ加えておこう。

(6) ボランティア保険

ボランティア保険は、「傷害保険」と「賠償責任保険」との二種類からなっている。「傷害保険」は、本人がボランティア活動中に、事故によってけがあるいは死亡した場合に支払われる。一方、「賠償責任保険」は、ボランティア活動中に、第三者の身体または財物に損害を与えた場合、見舞金や慰謝料など賠償金を支払うものである。

このボランティア保険に加入できる人は、ボランティア活動に参加している人、ボランティア活動の推進機関、ボランティア団体の役員および職員などで、小学生や中学生でも加入することができる。ただし、ボランティア保険の定義するボランティア活動とは、無給の活動であり、自助活動でないものである。交通費や実費、弁当代程度が支給される場合は無給の活動に入る。ただし、時間給や日給が報酬として支払われる場合は無給の活動には入らない。

ボランティア活動の「活動」には、ボランティア先への往復経路や、ボランティアに関する学習会、活動の企画や運営会議などの活動も含まれる。

保険にかかる費用は、Aプラン三〇〇円とBプラン五〇〇円の二種類があり、一人につき一口しか入れない。保険期間は毎年四月一日から翌年の三月三一日までの一年間である。保険の有効日は加入した翌日からであり、年度の途中で加入しても料金は変わらない。ボランティア保険の加入の申し込みは、最寄りの市区町村、社会福祉協議会、ボランティア・センターで受け付けている。ボランティア・センターを通じた保険加入は、団体保険となるため、掛け金が割安となる。

3　施設による物的・人的サポート

既存の施設や施設における事業をボランティア活動に利用してゆくことも、ボランティア活動を活性化してゆく際のひとつのアプローチである。ここでは例として社会教育関連施設による、ボランティア活動へのサポートのあり方を考えることによって、施設による援助を考えてみたい。

表7-1　施設ボランティア活動事例

公民館	運営審議委員、サークル等連絡協議会会員、主催事業の企画立案への参画、事業プログラムへの各種協力（運営、設営、受付、資料作成、講師接遇、司会進行、広報など）、各種ボランティアとの情報交換や相互研修・交流の促進など
博物館、美術館	運営委員、友の会の組織、友の会組織を通じての研修・広報、資料の整理、施設案内、ギャラリー・トーク、展示紹介など
図書館、情報センター	運営委員、閲覧案内、テレフォン・レファレンス、図書資料の分類・補修、移動図書館への協力、視・聴覚障害者への朗読、点字訳サービス、子どもへの読み聞かせなど
生涯学習センター	運営協議会委員、来館者への施設案内、交流活動の参画・協力参加

出典：山本慶裕『生涯学習のボランティア・バンクに関する調査研究』1996年より作成。

(1)　ボランティアの養成

社会教育施設における物質的援助とは、ボランティア活動をしているグループに会場を提供するという場所の提供や各種情報の提供、ボランティアの養成などが考えられる。継続的なボランティア活動を行う必須条件として、ボランティア活動の拠点・事務所の存在があげられる。

また社会教育施設におけるボランティア養成は、「施設ボランティア」や「学習ボランティア」という形で独自に行われている。ではこうしたボランティアは社会福祉の領域におけるボランティアとどのような点で異なっているのであろうか。

施設ボランティアとは、社会教育関連施設において、施設の職員をはじめ専門家と協働して、施設の事業の企画や運営をサポートする人のことである。施設ボランティアは、施設に登録され、その施設を中心として、学習者の援助をする。また、基本的にはその施設において教育・訓練を受け、その施設の組織化された方針に沿って活動を展開する。表7-1は施設ボランティアの実践事例である。

一方、学習ボランティアとは、人々の学習活動を多様な形でサポートするボランティア活動である。これまで自分たちが学んできたことや、経験によって身につけてきた知識や技能を、自ら進んで、他の人々に提供する人のことである。さらに学習ボランティアとは、他者の生涯学習活動に対して、さまざまな形態で支援をするだけでなく、ボランティア活動自体が、自分自身の生涯学習となるボランティア活動である。自分が学習した内容を他の人に教えることによって、自分以外の人々の学習活動をサポートできると同時に、自分自身の学習の深化にもつながるという双方向的学習効果がある。

社会教育施設では、施設の特性を生かしたボランティアを養成することによって、ボランティアの人材を養成し輩出するという意味で、人的サポートをすることができる。

(2) ボランティア・バンクの設置および活用

ボランティア・バンクの活用をめぐって、「ボランティア・バンクに登録されているプロフィールを見ているだけでは、活用する側に不安が残る」、「ボランティア・バンクの登録者のなかで、同じ人ばかりに口コミで声がかかる」という問題点を耳にする。この場合はボランティアによって提供されるサービスの具体的内容や質がどのようなものであるかがわからないために、活用する側が躊躇してしまうのである。

実際にボランティア・バンクから人材を活用しようとする場合には、どのようなボランティア活動の内容であれ、ボランティアが提供するサービスの質が問われるであろう。サービスの内容が良ければ、活用が促進されていくはずである。ここからボランティアの資質や能力の向上を図るための、多様なプログラムが提供されることは、ボランティア活動を促進してゆくためのひとつの基礎的条件だといえる。

サービスの質は、講座や研修を通して、経験を積むことによって、また自己学習によって高めてゆくことができる。ではボランティアが提供するサービスの質が限りなく向上していって、専門家に近づくとボランティアはプロの講師となるのであろうか。

たとえば公民館主催の俳句講座で、週二回教えている学習ボランティアの場合を考えてみよう。プロの講師と同じぐらい高いレベルの講義をしたとしたら、その学習ボランティアとプロの講師との位置づけはどうなるのであろうか。

ボランティアのもつ特質として、「プロ」に対する「アマチュア」という性格がある。そのサービスを本業としていない。つまり、そのサービスの対価として経済的な報酬を受けとらないのがボランティアである。ここでボランティアと専門家との問題を考えるために、ボランティアの定義に戻ってみよう。

ボランティアとは、「自らの自由意志により、自ら選択した他人が喜んでくれることに対して、本職としてではなく、ひとつのサービスとして自らの知識、技能、労力などを提供する人々である」。

つまり、その講義を受け取る側の人々にとっては、提供された講義に満足すれば、それがボランティアであろうとプロの講師によってなされたものであろうと関係ない。問題は、職業としてやるのか、ひとつの社会的なサービスとしてやるのか、講義をする側のスタンスや意識の問題である。

一方、サービスを受ける側からしたら、少しでも良い質のものを受けとりたいはずである。その点からすると、ボランティアであろうとも「ボランティアだから」「アマチュアだから」という言いわけはできないはずである。当然プロはその技でお金をもらっているのであるから、対価に見合わないサービスをした場合、強く非難されるであろう。しかし、ボランティア活動の場合、そうした非難に耐えうるだけの活動の条件がまだ十分に整備されているとは限らない。こうしたボランティアが提供するサービスの質を保証してゆく方策を社会教育施設で考えてゆくことは、今後大きな課題のひとつであろう。

(3) 啓発事業——ボランティアのリクルート

個人の自発性に基づくことが必要要件であるボランティアであるから、「ボランティアのリクルート」という言い方自体に矛盾があるが、ここではボランティアの人口を増やすという意味で用いたいと思う。

現在、「ボランティア」という言葉は、さまざまな言葉がその冠につくようになってきている。「青少年ボランティア」「生涯学習ボランティア」「学校教育ボランティア」「環境保護ボランティア」など。また従来ほとんどボランティアという言葉と同義であった福祉関係のボランティアも「福祉ボランティア」と呼ばれ、他のボランティア活動との違いが意識されるようになってきている。

ボランティア活動のターゲットとする対象者（青少年、障害者）や活動領域（学校教育、社会教育、生涯学習、社会福祉）、テーマ（環境保護、国際交流）などによって、実にさまざまな「冠」をボランティアという言葉につけることができる。

ここからいえることは、まず第一にボランティア活動の種類が増加したということである。活動のテーマや対象、活動を組織する団体などによって、多様なボランティア活動が現在存在している。

以前は社会福祉の領域における「慈善」型のボランティア活動がボランティア活動の中心的活動であったが、現在は「助け合い」型ボランティアや「テーマ」型、「組織」型（宗教団体、学校のクラス、市民団体）など、多くのボランティアの種類がある。

そして第二として、ひとつのボランティア活動に複数の意義が見いだせるということである。ボランティア活動は多面性をもっているが、どのような視点でそのボランティア活動をとらえるかによって、呼び方・言い方が異なってくるということである。したがって、博物館で展示品の説明をしてくれる人を「学習ボランティア」あるいは「施設ボランティア」といった言葉によって呼ぶ場合、それはその活動を学習や社会教育施設と関連させて位置づけているのである。

ひとつのボランティア活動に対して複数の呼び方ができるのは、ボランティア活動の多面性・多義性を人々が意識しはじめているあらわれでもある。ボランティア活動の意義を多様な側面からくみ取ることができるとともに、ボランティア活動によって、どの側面を強調したいかによって、呼び方は変わってくるであろう。

社会教育施設や学校などのさまざまな行事、講座を通して、「ああ、こういうボランティア活動もあるんだな」

という新しい領域の発見や、「自分がやっていたことはこういう意味もあるんだな」という活動の意義の発見など、さまざまな「発見」や「気づき」を導くような機会が提供されることによって、「何かしたかったけれどどうしてよいかわからない」という漠然とした思いを抱えていた人に、なんらかの手がかりを提供できるのではないだろうか。

(4) ボランティア・コーディネーター

現在のボランティアに対するニーズは、年々在宅福祉サービスの領域が増加し、さらにニーズが多様化してきているため、細やかな需給調整がなされることが不可欠となってきている。

森坂ふみ子氏は、大阪ボランティア協会が開発してきたさまざまな需給調整機能を大きく「対内的機能の開発」と「対外的機能の開発」に分けて論じている。

対内的機能には大きく「調整システム作り」と「フォローアップシステム作り」の二種類がある。「調整システム作り」は、需給のコーディネートをスムーズに行うための内部資源作りである。具体的には、①事業や活動のマニュアル作り、②地域別社会資源表の作成（どの地域で、どのようなグループがどのような活動を行っているかを調査し、表にまとめる）、③ケース介入度分類の試みとケース検討会（より深く介入すべきケースを選び出し、その対処の仕方を検討する）、④マスコミによる広報反応のチェックといった大きな四つの柱からなっている。

「フォローアップ・システム作り」は、もともと在宅障害児を継続的に訪問してゆくようにするために作り出されたシステムである。具体的には、①チーム制導入によるフォローアップ（「チーム」とは、訪問ボランティアをサポートするボランティア・スタッフで、具体的には学習会、交流会、機関誌の発行によって援助を行う）、②コンサルテーション・システムによるフォローアップ（活動しているボランティアを二つのユニットに分けて、各ユニットごとにコンサルタントと呼ばれる療育の専門家がついて、月一回の例会をもち、活動の記録を提出することによってフォローアップする）である。

一方、対外的機能の開発は、大きく①グループの開発、②ボランティア・ビューローの開発、③ソーシャル・アクションとネットワーク作りの三つの作業からなる。ボランティア（グループ）内部の機能を開発することによっては解決できない課題に対しては、ボランティアの外に対して開発してゆく必要がある。つまり、ソーシャル・アクションを市民層に向けて積極的に行ってゆくのである。

たとえば一度に大勢の人がボランティアに来た場合や、他種類のボランティア活動を把握する場合、またクライアントとボランティアとのコーディネートをする場合など、どこか拠点となる場所に指揮をしてくれる人あるいは事務局があることが、活動を円滑に行う不可欠な条件となってくる。社会教育施設にコーディネートする機関を置いたり、コーディネーターを養成することによって、活動を援助することができるだろう。

4　活性化のための条件整備

ボランティア活動に対する物質的援助を考えるにあたっては、「有償ボランティア」の問題を避けては通れない。ボランティア活動をサポートするための物質的な条件を整備し、活動費の一部を負担したり、交通費等の実費を援助したり、また低額の報酬を支払ったりすることによって、より多くの人がボランティア活動に参加するようになったとしよう。すると今度はボランティア活動の本来のあり方が問われてくることになる。つまり、ボランティアが多様化し、ボランティアの再定義が求められてくるのである。

ボランティア活動の場合は、無償性がその本質にあるので、物質的な援助によって、ボランティア活動が本来もつべき性質が失われてゆく側面があることは否めない。この点は物質的援助の限界部分でもある。しかしこの限界を意識しつつ、今後物質的サポートのあり方、具体的な方法を考えてゆく必要はあるであろう。

参考文献

(1) 伊藤俊夫「社会教育におけるボランティア論」辻功・岸本幸次郎編『社会教育の方法』社会教育講座第五巻、第一法規、一九七九年。
(2) 大阪ボランティア協会監修、小田兼三・松原一郎編『変革期の福祉とボランティア』ミネルヴァ書房、一九八七年。
(3) 岡本包治編『社会教育ボランティア―発掘・養成・活用』ぎょうせい、一九八四年。
(4)『月刊社会教育』第四〇巻第一号、国土社、一九九六年。
(5) 国立教育会館社会教育研修所『社会教育におけるボランティア活動』一九八七年。
(6) 小山隆・谷口明広・石田易司編著『福祉ボランティア』朱鷺書房、一九九五年。
(7) 柏木宏『ボランティア活動を考える―アメリカの事例から』岩波ブックレットNO.四〇三、一九九六年。
(8) 田中康夫『神戸震災日記』新潮社、一九九六年。
(9) 田中尚輝『市民社会のボランティア―「ふれあい切符」の未来』丸善ライブラリー、一九九六年。
(10) 日本生涯教育学会編『生涯学習社会とボランティア』日本生涯学習教育学会年報第一四号、一九九三年。
(11) 平成七年度科学研究費補助金「市区町村における生涯学習ボランティア・バンクの活性化に関する実証的研究」研究成果中間報告、研究代表者山本慶裕、平成八年三月。
(12) 宮本一「事故の防止と補償制度」岡本包治編『社会教育ボランティア―発掘・養成・活用』ぎょうせい、一九八四年、二〇一―二一九頁。

8章 インターネットを通じた学習参加・社会参加

ＩＴ（情報技術）の飛躍的な進歩により、身近な生活の中でもインターネットをさまざまな形で役立てることができるようになっている。

このインターネットを生涯学習の活動に役立てる取組みが、各地でみられるようになってきた。

富山県では、地域の官・民・学・市民が共同で「富山インターネット市民塾」を運営し、インターネットを活用して参加型の新しい学習活動を推進している。

取組みの大きな特長は、市民の自発的（ボランタリー）な講座開催を推進している点にある。

平成一一年度に実験運用を始めて以来、地域人材の新たな活躍の場として、市民講師による自主企画講座開催などの活動が活発化してきており、幅広い世代の参加をもとに学習コミュニティが育ちつつある。これらの取組みを紹介し、参加者の中でみられる、新しい社会参加を考える。

1　背　景

少子高齢時代にあって、余暇を利用したシニア層の学習活動が活発化する一方、厳しい経済状況の中で働き盛りの世代の学習意欲が低下している。このため社会教育・生涯学習施設では学習者層の偏り、利用者の固定化がみられる。

また、社会全般の傾向として、いろいろな場面で組織活動への参加が減少し、地域コミュニティの衰退とともに、「地域」に対する関心が薄れている。

2 「インターネット市民塾」の取組み

インターネット市民塾は、これらの背景の中で「学習活動」を切り口に、新しい形で社会参加を促進するねらいをもって、富山県で初めて取組みが始まった。

(1) 取組みの概要とねらい

① 学習機会への参加を拡大する

時間的に不規則になりがちな勤労者や、育児・介護に携わる者にとって、施設で開催されている学習機会への参加に、多少なりとも制約を感じている者は少なくない。自宅などからインターネットを通じていつでも学習講座に参加できるしくみを提供している（図8-1）。

② 市民講師としての活動機会を提供

市民の中には、学ぶだけでなく自ら教える立場で活動したいとする意欲もみられる。[1] 一方的な学習だけでなく、市民にも教える機会、知識を発信する場として開放している。学習の成果や経験・ノウハウ・資格を生かした「自

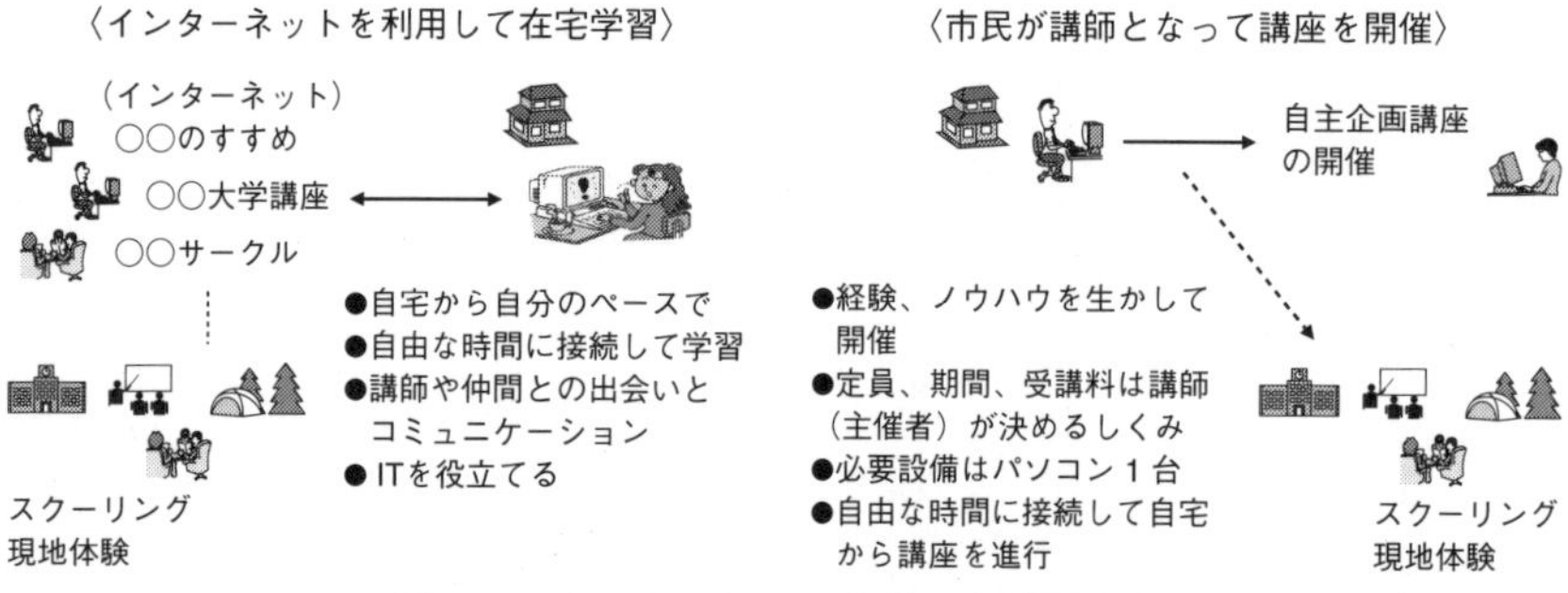
〈インターネットを利用して在宅学習〉
（インターネット）
○○のすすめ
○○大学講座
○○サークル
スクーリング
現地体験
●自宅から自分のペースで
●自由な時間に接続して学習
●講師や仲間との出会いとコミュニケーション
● ITを役立てる
〈市民が講師となって講座を開催〉
自主企画講座の開催
●経験、ノウハウを生かして開催
●定員、期間、受講料は講師（主催者）が決めるしくみ
●必要設備はパソコン１台
●自由な時間に接続して自宅から講座を進行
スクーリング
現地体験

図8–1　インターネットを通じた学習参加

主企画講座」を開催することで、市民の学びあいによる「知の還流」に結びつくとともに、教えることは新たな学習意欲の動機付けとなる。

③　地域が主体となって新しい活動の場を創る

学習機会の提供は、公的機関、大学、民間事業者などが多彩な内容で提供している。また、学習活動や地域コミュニティの活性化は、地域の官・民・学の共通テーマでもある。これらがシステムを共同利用し、運営を地域で支えるモデルを目指している（図８–２）。

(2)　取組みの経緯

①　共同研究プロジェクトの発足

平成一〇年一〇月、「教育の情報化推進事業[2]」の採択を受け、地域の民間企業の呼びかけで、富山県、富山県民生涯学習カレッジ、富山大学等が参加し共同研究プロジェクトを発足。

②　地域実証実験を開始

平成一一年四月より、モデル講座を開催し、モニターを募集して実証実験を実施。講座の類型ごとにカリキュラム編成の方法や、受講者とのコミュニケーションの取り方、学習効果など、インターネット活用効果を評価・分析。

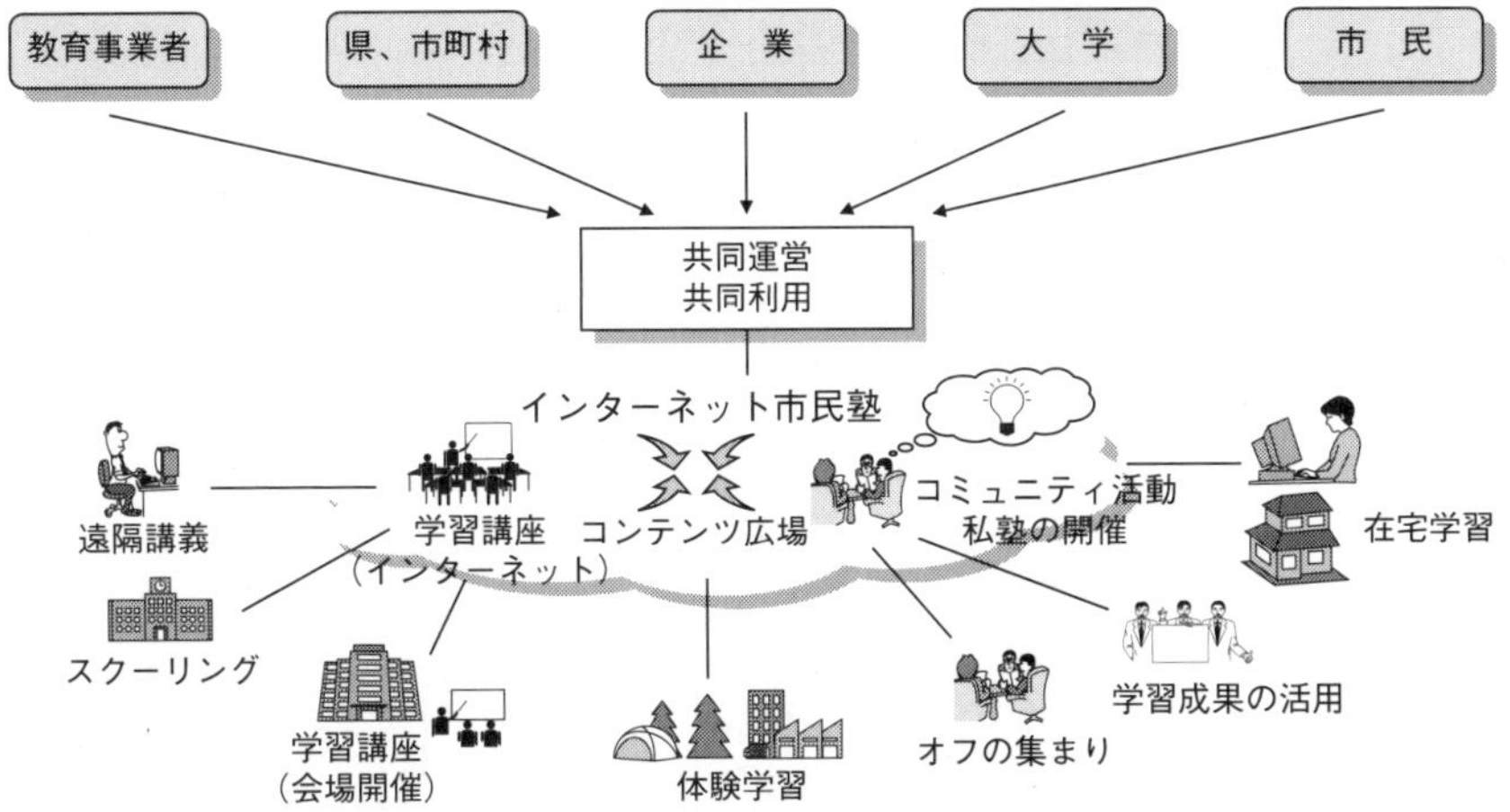

図8–2　地域でつくる学びと社会参加の場

③　地域独自運営の検討と試行運用

平成一一年度末に国の委託が終了したのち、市民の強い期待に応える形で、平成一二年四月、「富山インターネット市民塾設立準備委員会」を設立。同委員会には、県、市町村のほか、県内の大学、商工会議所、マスコミ、企業、市民などが参加し、地域での共同運営のあり方を検討しつつ、一般市民向けに試行運用を開始。

④　推進協議会の設立と地域運営

「設立準備委員会」における二年間の検討と試行運用を踏まえて、平成一四年五月、「富山インターネット市民塾推進協議会」を設立（図8－3）し、地域の官・民・学・市民の参加により運営を支えていく非営利事業を開始している。

(3)　インターネット市民塾のしくみと工夫

①　インターネット講座

インターネットを利用すれば必ず効果的な講座が開催できるとは限らない。

また、生涯学習のテーマは多様であり、企業の社員教育などでみられる知識・スキル教育を主体とした遠隔学習（eラーニング）をそのまま取り入れることでは、生涯学習の多様なテーマに対応

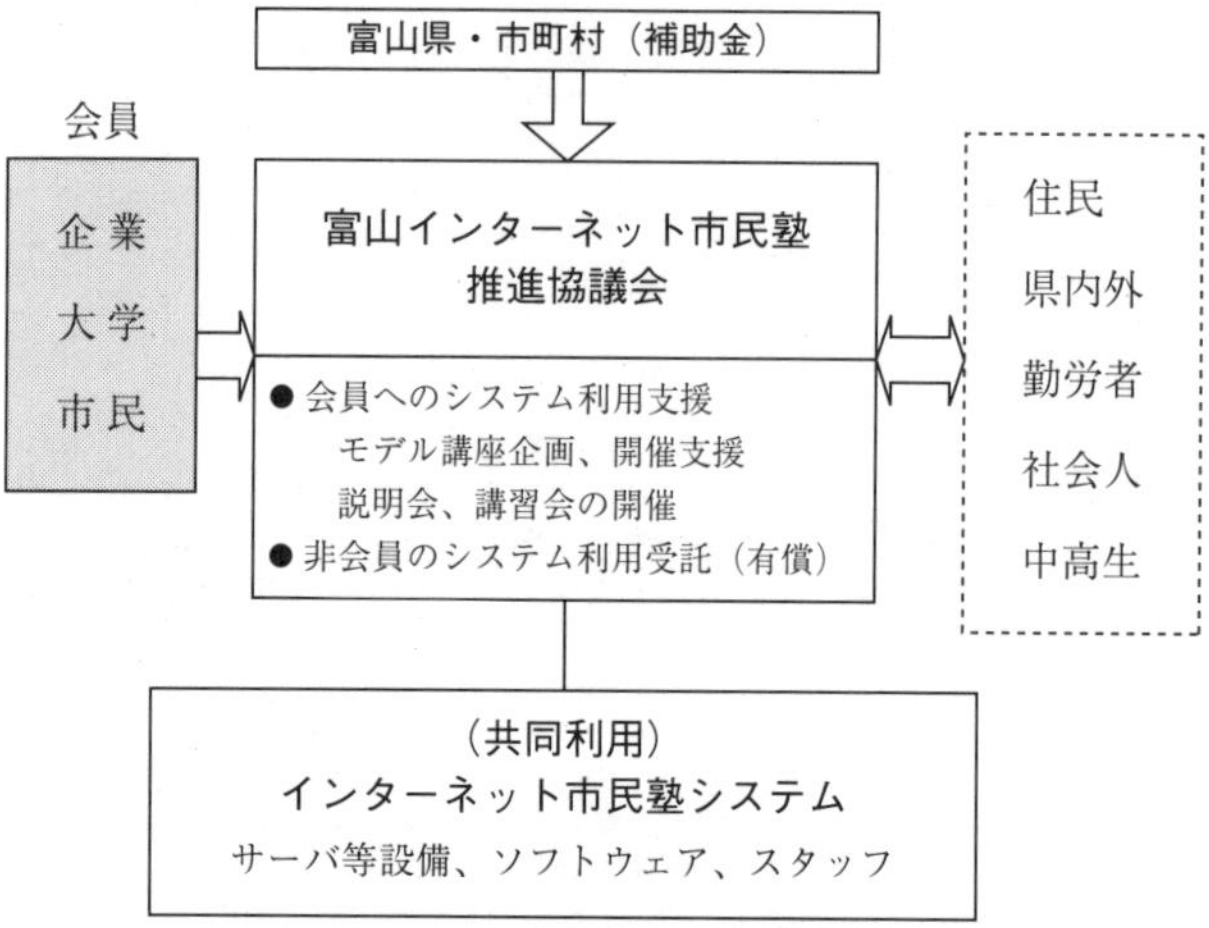

図8-3　推進協議会の体制

できないと考え、以下の工夫を行っている。

●インターネットを通じて講師や受講の仲間がみえる「双方向型」

Webテキストを閲覧して学ぶ自己学習のほかに、講師と受講者や受講者間でインターネットを介してコミュニケーションを取りながら講座を進めることを重視している（図8-4）。

●自由な時間に参加

参加者の時間を拘束する放送型や、映像や音声を活用したリアルタイム通信にこだわらず、ホワイトボード機能や掲示板、メールなど、時間差があってもコミュニケーションできる方法を取り入れている。

●既存の学習方法の併用

講師から直接講義を受けたり、現地での体験学習や、施設に集まって仲間と一緒に学ぶ集合学習など、既存の学習方法の利点も取り入れたカリキュラム作りを行い、同時に既存の事業との連携を図っている。

また、ネット上での学習や成果を活用した活動を、社会活動の一つとして位置付け、ネット学習に終始し閉塞的な場とならないように運営を進めている。

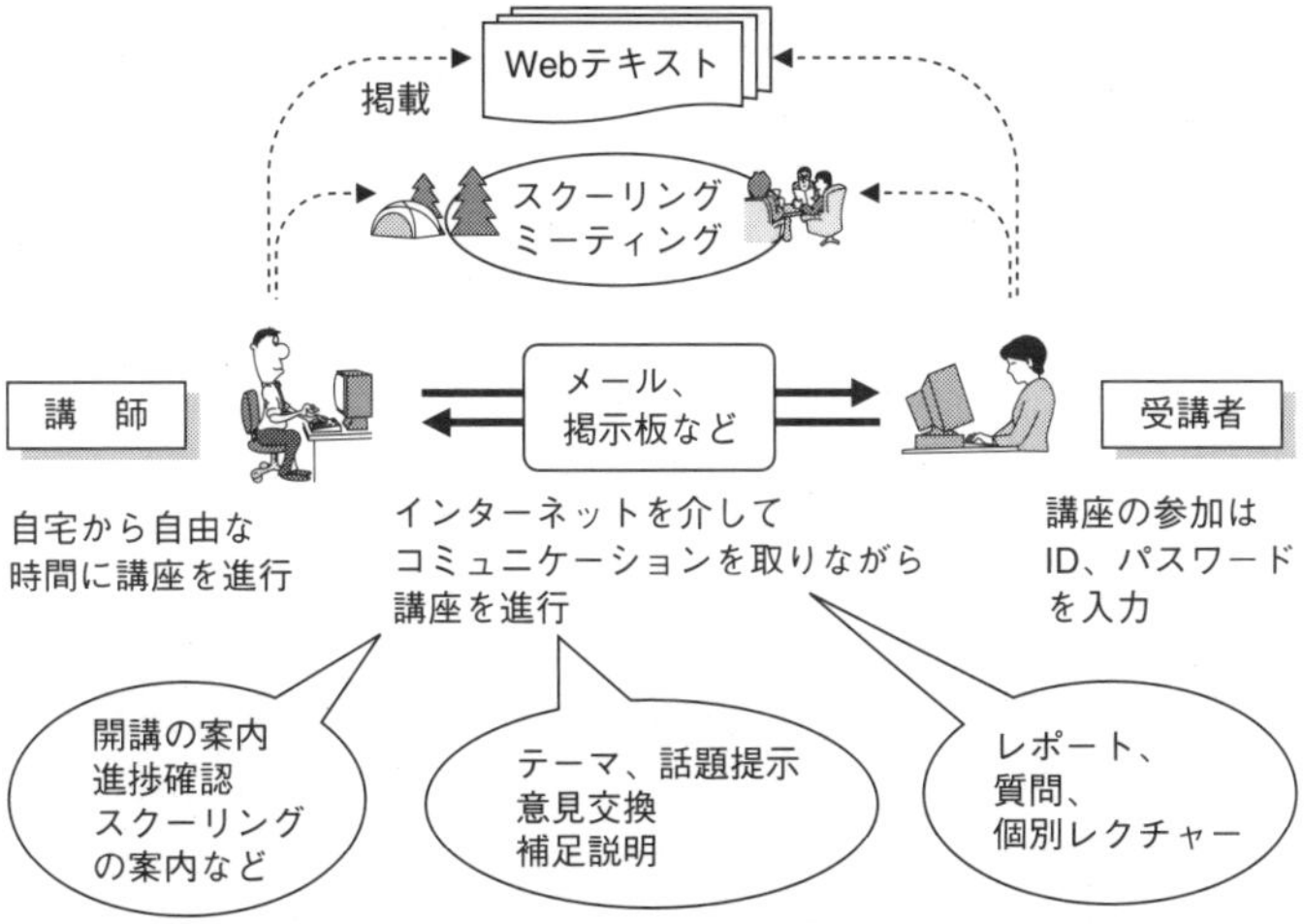

図8–4　インターネット講座の開催イメージ

②　市民講師の参加促進

だれでも講座を開催し知識発信できるよう、市民の参加に目線を合わせ、特別な機器や技術を求めないことが何より重要と考えている。

●遠隔運用

主催者や講師は、特別な設備を用意することなく自宅のパソコンから、受講者の進捗状況を把握したり、双方向での講座の進行を遠隔から行うことができる機能を提供している。

●ホームページ作成の経験がない一般市民に、簡単な方法でしかも双方向型のＷｅｂテキストを作成することができるよう、学習コンテンツ制作のための専用ツールを開発し、講座の開催を目指す人に提供している（図8–5）。

●費用をかけない

市民講師の自発的な意欲を損なわないためにも、少ない費用、できれば費用をかけずに開催できるよう、Ｗｅｂテキストの制作にあたっても、シンプルで見やすいページづくりを勧めている。

●講師養成活動

教えたい人であればだれでもすぐに講師になれるとは限らない。受講者にとって充実した講座とするためには、講師は「テーマや内容」、「教え方」、「ＩＴ活用」のそれぞれを充実させてい

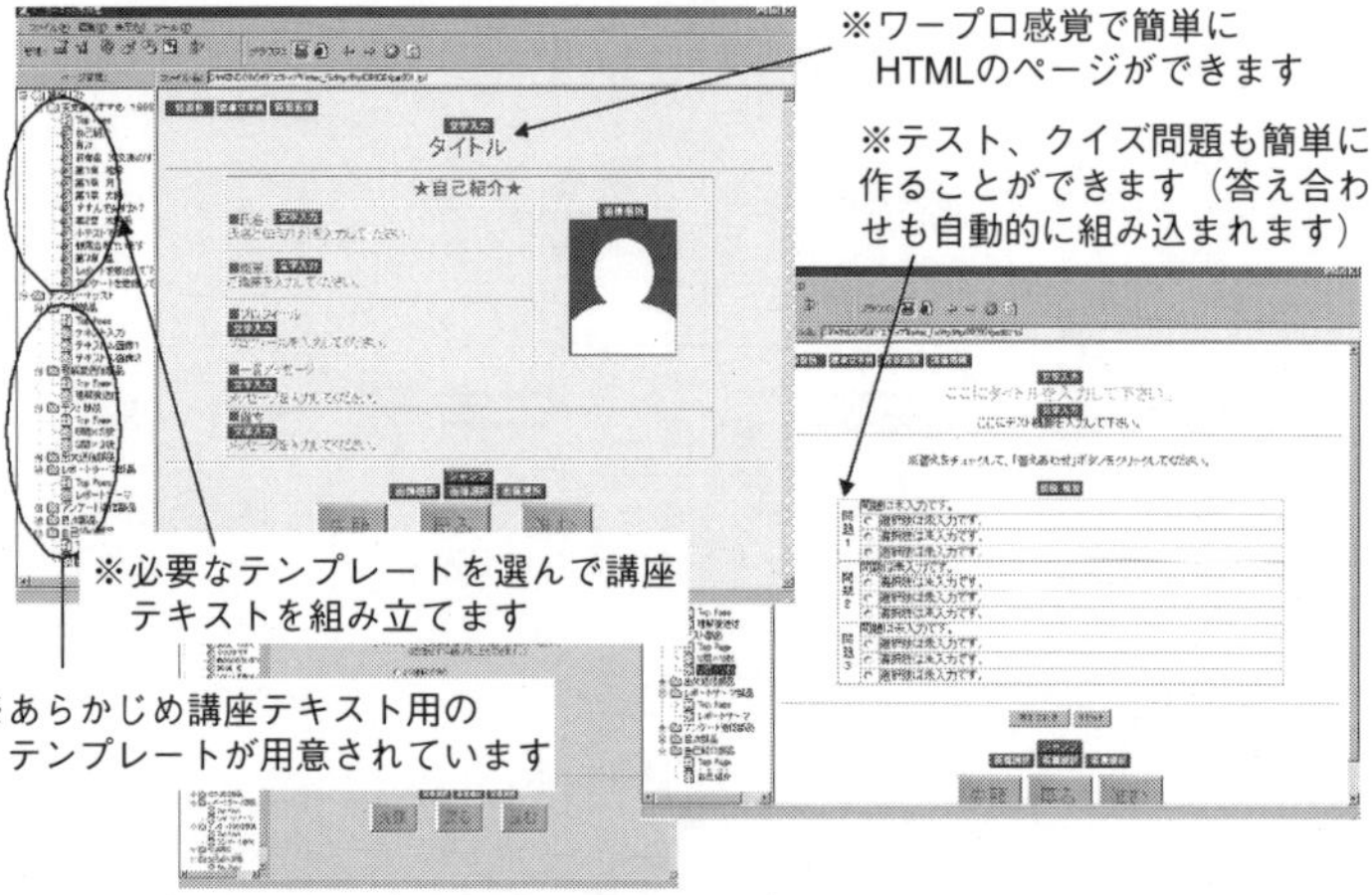
※ワープロ感覚で簡単に
HTMLのページができます
※テスト、クイズ問題も簡単に
作ることができます（答え合わせも自動的に組み込まれます）
※必要なテンプレートを選んで講座
テキストを組み立てます
※あらかじめ講座テキスト用の
テンプレートが用意されています
タイトル
★自己紹介★

図8–5　講座テキスト簡易作成ツール

く必要がある。特に「教え方」について、講座の展開方法や受講者との意思疎通、モチベーションの維持などを学ぶ講師養成を進めている。

3　インターネット市民塾への参加状況

(1) 市民講師の活躍

平成一一年の実証実験以来、講座提供者は年々増加してきており、延べ約二〇〇の自主企画講座が開催（平成一五年度末）されており、「学びのフリーマーケット」としてのにぎわいを見せている。地域の市民講師の参加には、時間に余裕があるシニアだけでなく、忙しい会社員、自営業などもみられ、また、インターネットを通じて神奈川、岐阜など地域を越えて講座が開催されている。

【市民講師による講座事例】

・石仏の里（地域の食品小売店主）
・立山修験から学ぶ（民宿経営者）
・ヴァーチャルトレッキング（スポーツ用品店経営者）
・街道の文化（会社員）
・親子で体験　せみの観察　そしてパソコン活用（元教師）

・きき酒のすすめ「日本酒の基礎知識&楽しみ方」（酒小売店主）
・山旅塾（旅行業社員）・デジカメ写真をもっと楽しもう（会社員）
・パソコン大好き症候群　予防と目のつぼ（看護師）
・★道楽（ほしみゃあらく）のすすめ（学生）・英語で社会勉強（会社員）
・楽しく始めよう作詞講座（自営業）

(2)　受講者から講師へ

市民講師から触発を受け、講座の受講者が翌年は講師として講座を開催する例もみられる。

【事例】「親子で体験、せみの観察、そしてパソコン活用」
・講師：六〇代・女性
・開催内容
①せみの仲間とくらしを学ぶ（インターネット）
②せみの羽化の観察（スクーリング）（図8-6）
③観察の成果をパソコンを使ってまとめる（スクーリング）
④一緒に学んだ仲間で交流（インターネット）

(3)　シニアの活動の場として

リタイアに伴って、これまで企業内で生かしてきた豊富な経験やノウハウを、ネット講座として広く提供する例など、「知の社会還元」として活動するシニアがみられる。
シニアの活動を支援する機関と連携し、インターネット市民塾がネットを通じた社会活動の場として活用される

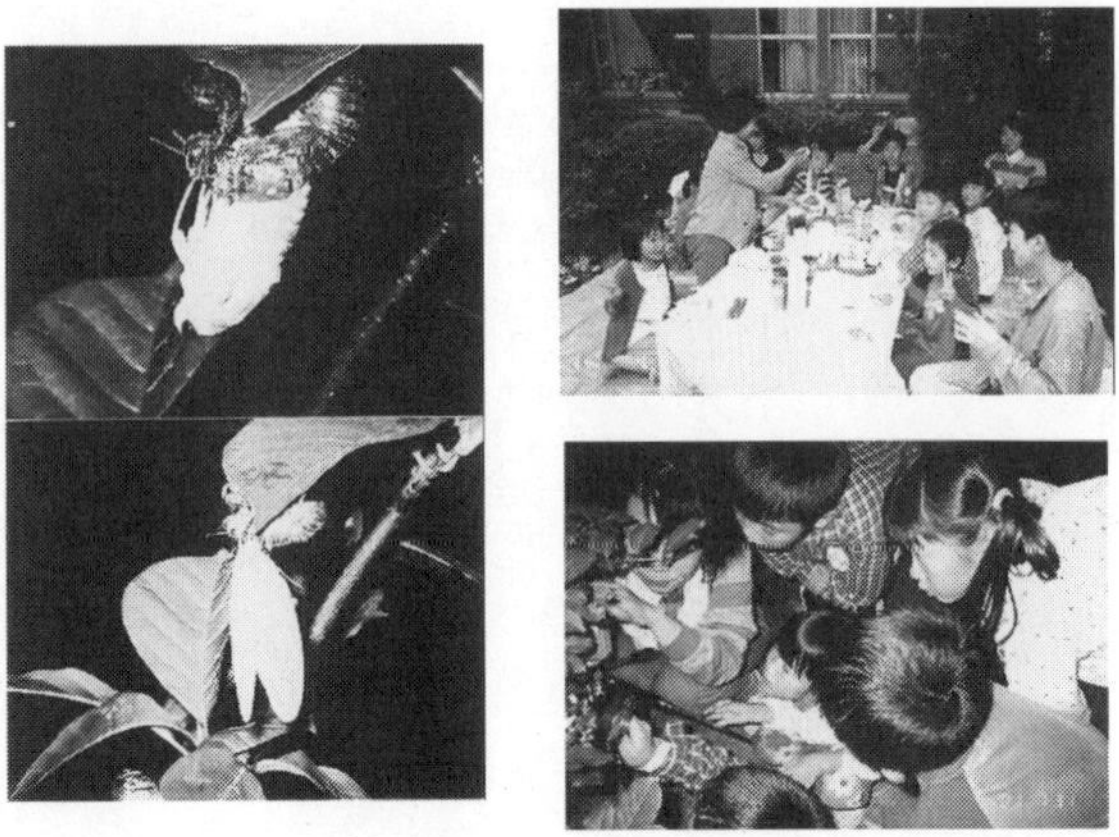

図8-6　スクーリングの様子

ようになっている。

(4) ボランティアとして

IT活用経験が少ない市民が講座を開催する場合に、ITボランティアがWebテキストの作成や、受講者とのコミュニケーションを支援するなど、新しいボランティア活動が生まれている。自宅からネットを通じて活動できることから、ボランティアの応募は学生、会社員、主婦、シニアと幅広い。ボランティア参加者も、自らのスキルを生かし、実践で磨く機会となり、さらに講師から直接学ぶ機会を得るなど、Give and Take の関係がみられる。

(5) エコマネー（ボランティア交換券）の活用

インターネット市民塾では、市民講師として自らの知識・ノウハウを提供する一方、ほかの市民講師の受講者となるなど、知識の相互提供が生まれている（図8-7）。

この関係の中で、一部で受講料の代わりにエコマネー[3]を利用する講座が出ている（図8-8）。市民による自発的な講座では、受講料を貨幣に清算しにくいケースもあり、感謝の気持ちをエコマネーとして渡したり、自らが提供できることをみつけて学習ボランティアとして活動し、エコマネーを受け取るなど、「知識の地域循環」を目指

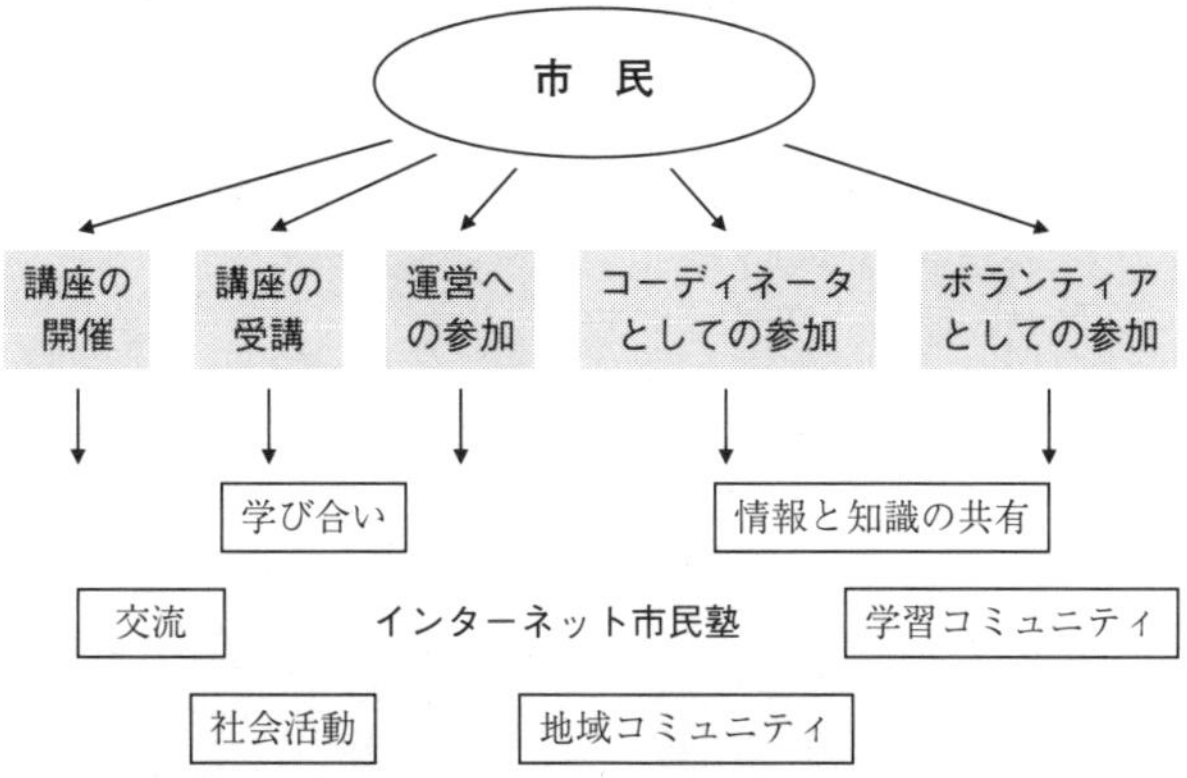

図8-7　市民の多様な参加

図8-8　エコマネー券（社会人大楽塾の発行）

す活動が始まっている。

(6) 地域に根ざしたコンテンツの発掘と活用

自主企画講座には、市民の視点ならではの地域性豊かなものがみられる。中でも、平成一三年九月より始まった「ふるさと塾」は、地域の自然や文化を伝え残そうとする「伝承人」の参加を促進すると共に、地域コンテンツとしてデジタル化され、市民のふるさと学習や学校での総合学習にも試行的に活用されている。

【ふるさと塾開催例】（図8-9）

・富山市「佐々成政を往く」
・高岡市・井波町「パブリックアート」
・砺波市「石仏とふれあう里　となみ野」
・立山町「立山の修験者から学ぶ」

砺波市

立山町

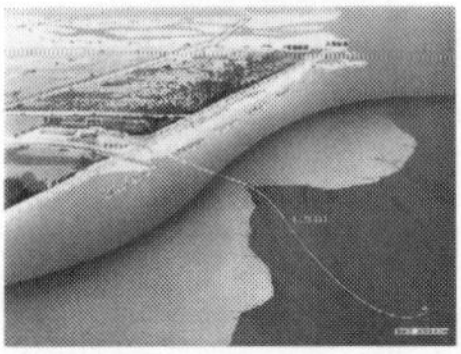
入善町

朝日町

図8–9

・入善町「二一世紀の資源海洋深層水を学ぶ」
・朝日町「ぼくのヴァーチャルトレッキング」
・大沢野町「街道の文化とふるさと発見」
・井波町「美術の地域性と国際性」

(7) 新しい学習者層の参加

学習者の年代は、男性の三〇～四〇代、女性の二〇～四〇代が最も多く、近年学習意欲が低下しているとされている働き盛りの参加を促進し、新たな学習者層を開拓しているとみることができる。

4　市民参加の促進がもたらすもの

①　市民のコミュニケーションが活性化

自己学習に終始することが多いeラーニングと異なり、インターネット市民塾の学習活動は、「ネットを介して人から学ぶ」ことを重視しているため、人と人のコミュニケーションが成立しやすい場でもある。学習テーマに関する市民講師と受講者、受講者間のコミュニケーションは、組織・立場や世代・地域を越えた、柔軟

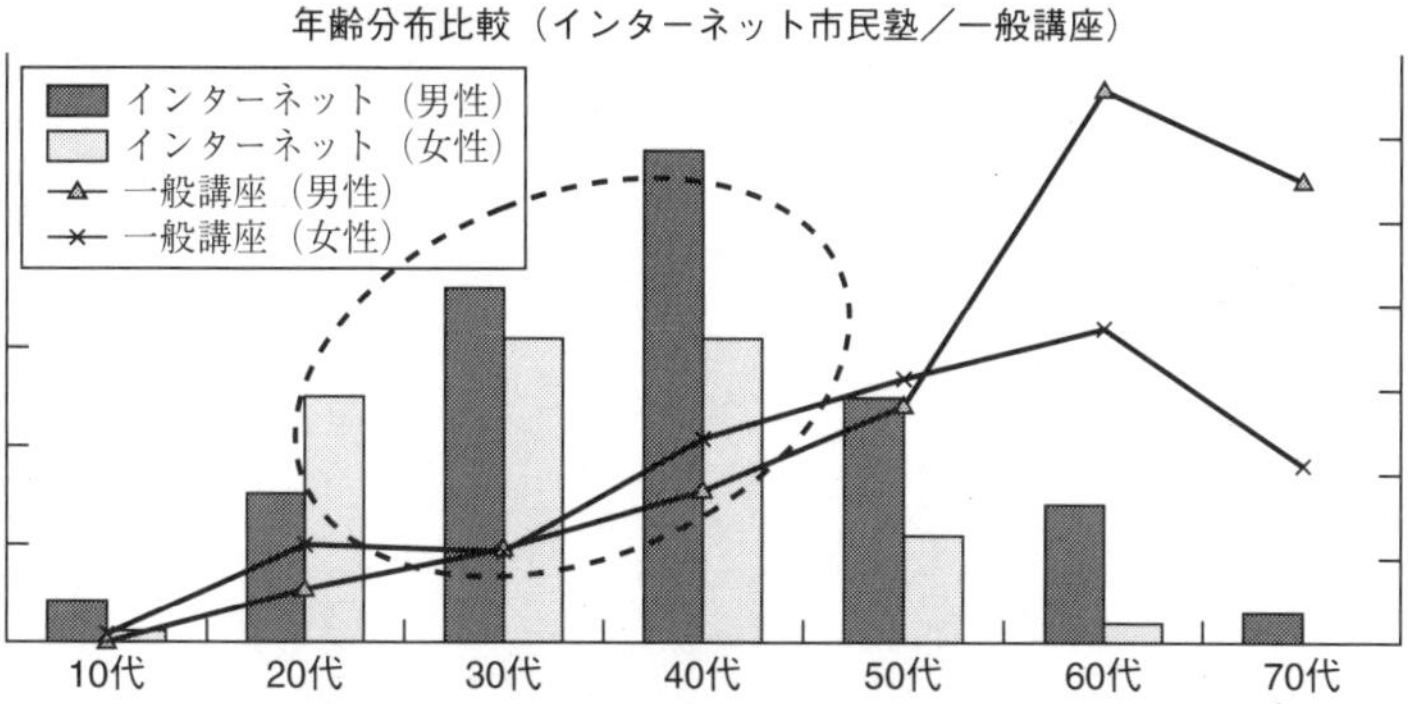

図8-10　インターネット市民塾の学習者層（平成11年度実証実験より）

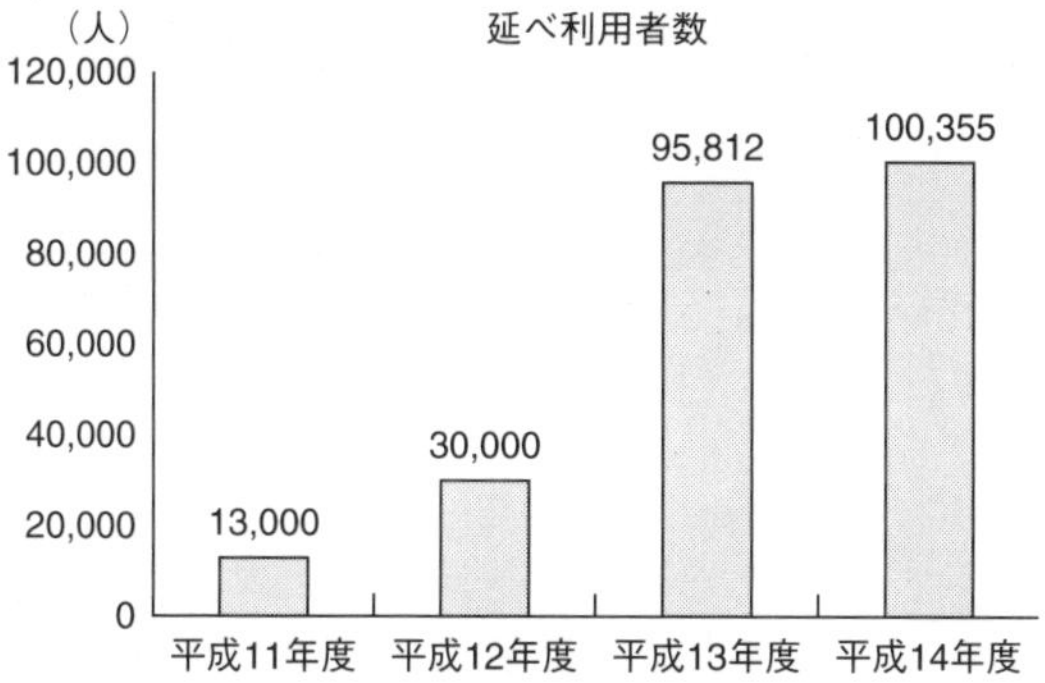

図8-11　利用者の推移

なコミュニケーションを促進する。

②　受講者から講師へ（受け手から発信者へ）

身近な市民による講座の開催は、受講者にとって同じ市民として触発を受け、積極的な参加を促す。

また、市民に講座開催機会を開放することは、自らの経験やスキルをみつめ、知的資産として自己認識することを促し、知識の受け手から発信者へと一歩踏み出すきっかけになる。

③　教えることは最高の学習

講師になろうと決めたときから、新たな学習が始まる。自らの知識・経験を整理し、内容を深めると共に、関連する分野を積極的に学ぼうとする、モチベーションが生まれる。

④　**主体性を持った市民の参加**

市民講師は、受講者によって自らの役立ち方を再認識し、社会への積極的な参加の意義を明確にもつことができる。また、そのような市民講師と接することにより、講座の参加者も触発を受け、社会活動への意欲に結びつく。

⑤　**地域コンテンツの発信を促進**

地域ならではのコンテンツを発掘し、広く発信することに結びつく。地域に住んでいる市民による発信は、継続性の点でも期待できる。

⑥　**地域への関心を高める**

市民講師による講座には、住んでいる人ならではの地域に根ざしたテーマが見られ、受講者が地域への関心をもつきっかけとなる。地域に目を向ける市民が増えることで、学習の成果を生かし、学習の仲間と一緒に、地域づくり活動へと展開していくきっかけとなる。

特にこれまで地域活動への関心が薄いとされている、働き盛り、子育て中の人や、地域外に通勤している人も参加することで、新しい視点で地域活動が活発化することが期待される。

⑦　**学習コミュニティから地域活動へ**

地域に関心をもつ、自発的な市民が参加し、テーマや課題に対する学習を深めていく中で、参加者のつながりも深まってくる。

また、インターネットの利用によって、世代や地域を超えたつながりも生まれやすい。

5　市民の社会参加を促進するインターネット

このように、市民のきわめて自発的な参加が活発化した理由には、関係者の推進努力によることはもちろんであるが、インターネットの特性も大いに関係している。具体的には、

・組織や肩書きを越えて個人の立場で参加できる

・必要な時に参加できる（参加者個人の意思で決めることができる）

・参加方法が自由である（時間、場所等）

などである。すなわち、いつでも、身近なところからアクセスし、参加者同士のフラットな関係性が得られやすく、Ｗｅｂコミュニティが生まれやすいのが、インターネットの特性である。

しかし、それだけで、自発的な場が育つわけではない。不特定多数の利用者がいるインターネット上で、コミュニケーションの相手を見つけることは意外にむずかしく、そのため掲示板やメーリングリストなど、Ｗｅｂ上コミュニティに参加していても、発言することなく読んでいるだけのことが多いのが実際である。

では、さらに、どのような要素が、市民の自発的な参加・活動を促進するために重要かを、インターネット市民塾のしくみから、改めて考えてみる。

①「個人」の参加を促すしくみ

インターネット市民塾では、学びの場という、参加の立場がはっきりしていることと、講師が誰かもはっきりしており、コミュニケーションが成立しやすいということができる。

相手が特定でき、講師と受講者の立場がはっきりしている点では、近年急速に利用が拡大してきたeラーニング

全般に言えることである。しかし、学習内容についての質問などを除き、必ずしもコミュニティとして育つわけではない。その理由は、受講者が相手としているのは、パソコンであり、受講料を支払うのも開催機関・団体であること、さらに、知識を提供する側と、それを受ける「生徒」という、一方通行の関係であることなどが挙げられる。すなわち「人」を感じる身近さが少ないと言えよう。

インターネット市民塾は、身近な市民が講師となり、時には一緒に考え、時には逆に受講者として学ぶという双方向性が特徴である。また、受講料を支払う相手は市民講師という「個人」であるところに、一般的なeラーニングとは大きく異なる点がある。受講者も企業や団体等の組織を離れ個人として参加することが、同じ学習者でも受身的な学習ではなく、個人の自発的な参加意識を高める。

②「市民」を意識するしくみ

インターネット市民塾は、市民講師に目線を合わせ、その参加を触発し、活動を支援するしくみである。講師として教える立場に立つことで、しかも組織内ではなく、インターネットを通じて参加した社会人を前にすることで、社会の中で自らの役立ち方を意識するしくみである。社会への役立ちに気付き、「市民」として積極的に社会活動に参加しようというモチベーションを触発するしくみでもある。

個人として他者の役に立つという自発的な「社会活動」は、さまざまな分野でみられるが、特に三〇～五〇代の働き盛りの世代の参加が課題となっている。社会にとって中核的な世代でありながら、企業組織などに属するがゆえに、社会参加の機会を事実上制限されている人も多いと考えられる。その時間や場所の制約を解くことに、インターネットが役立っている。また、所属組織を離れて、インターネット上のコミュニティに参加することが、どこからでも参加できる、新しい形の社会参加を期待させている。

③「地域」を共有するしくみ

インターネット市民塾の講座では、ネット上の学習やコミュニケーションと組み合わせて、講座の参加者が一緒に集まり、スクーリング、オフ・ミーティング、現地学習を実施していることが多い。ネット上の学習やコミュニケーションだけでは伝わらないことは多くある。これらを補完する意味として重要である。

スクーリングやオフ・ミーティングは、参加できる距離的な制約をあえて課すことになる反面、同じ地域に住んでいることを意識し、参加者が地域課題を共有するきっかけとなる。これまでの地縁、組織・団体を前提とした集まりとは異なり、インターネットを通じて集まった、フラットで柔軟な人々による、新たな共感・共鳴に結びつく機会としても重要である。

このように、「個人」の参加を促し、学習者が「市民」を意識し、「地域」を共有することができるようなしくみを、インターネット市民塾は提供している。インターネットというメディアを用いて社会参加を促進する、こうした社会的、文化的、そして教育的なしくみは、地域で生き、学び、新たなコミュニティと社会を創ろうとする人たちにとって、今後、ますますその重要性を高めていくのではないだろうか。

注

（1）「自遊塾」における応募状況より。「自遊塾」は平成七年より富山県民生涯学習カレッジの事業として始めているもので、県民の自主企画講座を募集し支援するもの。
（2）通産省（現経済産業省）の公募による事業。
（3）民間団体「社会人大楽塾」の提唱により推進。

参考文献

（1）井内慶次郎監修、山本恒夫・浅井経子・伊藤康志編、柵富雄ほか（共著）『生涯学習「eソサエティ」ハンドブック』文憲堂、二〇〇四年。
（2）先進学習基盤協議会（ALIC）編著『eラーニング白書』二〇〇三／二〇〇四年版、オーム社。
（3）文部科学省編、月刊『マナビイ』No.29、二〇〇三年、一一月号、ぎょうせい。

9章　バリアを越えて

1　生涯学習分野のボランティア活動

生涯学習の分野では、すでに、平成四年の生涯学習審議会答申で、ボランティア活動の支援・推進が当面重点的に充実・振興方策を考えるべき四つの課題の一つとなっていた。そのため学校では、児童生徒に勤労の尊さや社会奉仕の精神を培う体験的な活動として、道徳や特別活動を中心にボランティア活動の指導が行われるようになった。ボランティアの社会的評価という面では、第一に、学校外活動の経験やその経験を通して得た成果を適切に学校における教育指導に生かすこと、第二に、ボランティア活動の経験やその成果を賞賛すること、第三にその経験や成果を資格要件として評価すること、第四に、その経験や成果を入学試験における評価の観点の一つとすることなどが具体的な方法としてあげられた。

生涯学習審議会の答申では、ボランティア活動をめぐり生涯学習がもつ意義を次の三点から指摘している。すなわち、第一に、ボランティア活動そのものが自己開発につながること、第二に、学習成果の実践につながること、第三に、生涯学習活動そのものの支援を行うボランティアが得られることである。

このことは、ボランティア活動と生涯学習の関係に、

①「ボランティア活動を行うための教育・学習活動」

②「ボランティア活動の中での学習」
③「多様な活動の場の一つとしての学習ボランティア」
の三つの側面があることを示した。

第一のボランティア活動のための学習という点では、生涯学習のプログラムを立てていくとすれば、それは、まさに、どのような形で発達段階に即したボランティアプログラムを行い、そのための学習を行っていくかという問題でもある。たとえば、大人は、その豊かな経験資源を活かすようなボランティア活動が可能だし、また体力の減少や余暇時間の少なさを考えれば、長期的なものよりは、短期的な学習プログラムや活動プログラムが向く。また、青少年は長期にわたる学習プログラムやそのエネルギーの豊かさを活かした学習や活動が可能ではないだろうか。

第二の、ボランティア活動という経験がもつ教育的意義については、①経験を通じての学習（Learning in doing、実践的理解の強烈さ）、という問題と、②ボランティア経験で培われる力（思いやり、表現力、交渉力、人間関係の力、専門的技能、生活力）の二つの面からさらに考えていく必要がある。

第三に、ボランティア活動を学習の成果として活用する場合には、他のボランティア活動と共通した問題だけでなく、学習ボランティア特有の問題というものを考察していく必要があるだろう。

2　ボランティア活動の拡大

(1)　ボランティア活動の領域の拡大

筒井は、戦後から一九九〇年代にいたるボランティア活動の歴史を概観し、一九九〇年代以降のボランティア活動を「市民社会」の構築の時期ととらえている（筒井のり子、一九九七年）。特に九〇年代以降、顕著になってきたのが、福祉だけでなく、教育、医療、保健、環境、国際など多様な分野の市民団体間のネットワーク作りと、市民団体と企業、行政とのパートナーシップ作りの動きである。

大阪ボランティア協会の早瀬昇氏へのインタビュー調査によると、その協会の事業は一九九九年現在次のような動向にあるという（平成一一年一一月の面接調査。および『月刊ボランティア』一九九九年）。

第一は、一九九五年（阪神淡路大震災）以降の若年層の参加の増大である。ボランティア活動をしたいという新規活動希望者への相談の内訳をみると、一〇代、二〇代の比率が年々増加している。また、男性比率の増加ももう一つの特徴といえる。

第二に、協会の事業がコーディネートからマネージメントへと大きく変わりつつあるという点である。これまでの活動希望者と応募要請者とをつなぐコーディネート事業だけでなく、NPO活動の水準の高まりに応じて、そのコンサルティング、NPOの経営研究、NPOの研修や運営の支援を行う件数が増加してきた。また、市民活動の中でも起業を中心とした市民プロデュースの養成、そしてそうした団体をつなぐという意味では、単なる連携から協働への動きが増している。

第三に、既述したように、協会の団体登録でも、近年は福祉領域以外の多様なボランティア活動団体が登録を行い、活動し始めている点である。ボランティア活動は多様化している。

第四は、こうした多様性の芽をみると、それは、従来の「市民運動」というよりも、「市民活動」というにふさわしい活動に、その性格が変わってきている点である。それは、これまでの「行政対市民運動」という図式での活動ではなく、「行政か、民間か、営利か非営利かという二分法を越えて、〝市民社会〟を創造していくためには、日本社会を構成するすべての分野（行政、企業、市民団体など）が少しずつ変わらなければならない」（筒井、一九九七年）という認識が背景にある。

第五に、ボランティア活動は、単なる奉仕活動ではないという点である。早瀬は、ボランティア活動は、基本的に自由な活動であり、「ボランティア自身の生きる世界を広げ、本人自身の元気の素になるという点」を強調する。だから、好きなテーマを選び、いつでもやめることができる。また、ボランティアは決して善行ではなく、そこには多様な価値観のぶつかる場もある。公平な善行では決してないのである。

第六に、協会の事業は、ネットワークがネットワークを拡げるような展開となってきている。協会には企業市民の活動を支援するために作られた企業市民活動推進センターがあるが、これがまた他の企業、非営利団体とのコーディネートやファシリテートを行っている。さらに、国内での日本NPOセンターや全国民間ボランティア活動推進関係者とのネットワークや、さらに、国外への活動の拡大に伴って、IAVEや韓国との協働作業が始まっている。

第七に、これまでは、ボランティアが施設に送られるという形態を前提にして活動が考えられてきたが、これからは施設ボランティア、つまり、それぞれの施設に所属したボランティアの役割の重要性がますます高まるとみられる。それぞれの施設で必要とされる技術や知識が異なり、またその需要も異なる以上、それぞれの施設を中心としたボランティア活動を計画していく方が効率的でよりよいサービスができるからである。

この点は、第八に、ボランティア活動の形態が多様化することとも関わる。情報化の進展に伴って、ボランティアの活動のスタイル、学習方法が多様化するにしたがい、このような協会だけでなく、いろいろな組織が、ボランティアの養成と研修に関わっていくというのである。

実際、生涯学習活動に関わるボランティアだけをとりあげても、その活動、内容、養成法、活用は多岐にわたっている。

(2) 生涯学習ボランティア

『生涯学習のボランティア・バンクに関する調査研究』（平成八年）によると、市区町村では、まずボランティアの研修機会を設け、そこで養成されたボランティアを登録し、活動への道を作っている。その場合のボランティアの養成講座は、市区町村の部局や活動内容ごとに行われている。また、まったくの素人からのボランティアの養成もあれば、すでにある程度の経験をもった専門的なボランティアへの研修機会もあり、非常に多様なメニューが提供されている。

多様な活動領域がある以上、それはまた多様な実践機会を確保する必要が生じる。福祉、生涯学習、産業、町づくり、文化活動、広報事業、相談事業、ボランティア・バンク、養成事業、研修事業、コーディネート事業などである。このうち、教育活動へのボランティアを行うものとして、生涯学習ボランティアや生涯教育インストラクター、あるいはキャリア・コミュニケーターなど多様な呼び名や資格が生み出されつつある。

たとえば、「生涯学習ボランティア」と呼ばれる人々は、生涯学習の援助や教育活動、青少年指導、家庭教育、伝統文化の継承、スポーツ・レクリエーション指導、社会教育施設、社会教育団体、町づくりのためのボランティアを広く含む活動を行っている。また、「学校ボランティア」と呼ばれる人々には、住民の学校非常勤講師、教師によるボランティア活動などがある。学校のボランティアと区別して、学校外の教育活動へのボランティア活動では、社会教育ボランティア」がある。長年活動してきた社会教育関係団体の指導者、グループ・サークルの講師、リーダー層がこれにあたる。さらに、分類の視点を変えれば、「施設ボランティア」としての活動が行われている（表9-1～9-3）。

これらの多様なボランティア活動は、それぞれ必要とする知識や技術、経験は異なっている。したがって、その活動の教育的意義や効果をまとめて述べることはできないかもしれない。しかし、ボランティア活動自身がもつ性格から、その経験の教育的意義を推察することはできよう。

表9-1　社会教育施設のボランティア

活動延べ人数	平成７年度間	平成10年度間
公民館（類似施設を含む）	1,463,757	1,000,180
図書館	261,848	246,559
博物館	110,729	128,324
博物館類似施設	79,660	111,686
青少年教育施設	140,746	85,021
婦人教育施設	56,042	55,569
社会体育施設	888,981	163,590
民間体育施設	387,752	177,814
文化会館	42,609	62,922

出典：社会教育調査報告書平成８年度版と同11年度版より作成。
なお平成10年度の調査より登録制度の有無を明確に把握する調査法に
変わったため、平成７年度の数値と直接比較することには意味がないが、
各施設ごとの活動延べ人数のおおまかな把握をねらいとして作成した。

表9-2　学習ボランティア活用の場面

N＝110 市町村	n	%
① 教育委員会や公民館などの学級・講座に講師	64	58.2
② 教育委員会や公民館などの集会・行事に講師	35	31.8
③ 調査研究の委員として	5	4.5
④ 学校の授業の中で社会人講師として登用	11	10.0
⑤ 学校五日制などに対応して学校外の活動に協力、参加	33	30.0
⑥ 他部局の行事や活動にスタッフとして参加	14	12.7
⑦ 登録者が独自に学級・講座などを開催している	30	27.3
⑧ 住民の要望する学習内容に応じて、講師として派遣している	48	43.6
⑨ その他の活用場面	9	8.2

出典：国立教育研究所「ボランティア・バンクの活性化に関する調査」平成７年。

表9-3　学習ボランティア活用の場

活用の場	%	n
教育委員会や公民館などの学級・講座に講師	58.2	64
住民の要望する学習内容に応じて、講師として派遣している	43.6	48
教育委員会や公民館などの集会・行事に講師	31.8	35
学校五日制などに対応して学校外の活動に協力、参加	30	33
登録者が独自に学級・講座などを開催している	27.3	30
他部局の行事や活動にスタッフとして参加	12.7	14
学校の授業の中で社会人講師として登用	10	11
調査研究の委員として	4.5	5
その他の活用場面	8.2	9

出典：国立教育研究所「ボランティア・バンクの活性化に関する調査」平成７年。

3　ボランティア経験の教育的意義

(1)　教育的意義と三原則

ボランティア活動の教育的意義については、平成四年の答申で、青少年がボランティア活動を行うにあたり、社会への積極的な態度の育成と自らの社会的役割の自覚という点をあげている。また、総務庁青少年対策本部の『青少年のボランティア活動に関する調査報告書』(平成六年三月)では、ボランティア活動が、①青少年の社会的存在としての理解と連帯感の醸成、②実践を通じての社会的規範やルールの修得と公共心の獲得、③主体的な態度や能力の育成、④福祉も含めた多様な領域への関心の広がりと国際人としての期待を培う、としている。それぞれで述べられようとしている点をさらに強調するため、筆者は別稿において、その教育的意義を次のようにとらえた。

その第一の教育的意義は、ボランティア活動も含めた広い社会的活動がもつ教育的意義である。それは、必ずしもボランティア活動だけには限らず、多様な社会的体験を教育活動の中にとりいれることによって社会的体験のもつ教育的効果が現れることになる。

第二の教育的意義は、ボランティア活動そのものがもつ特性、すなわち、自発性、無償性、公共性の三原則と、先見性あるいは先駆性に付随する教育的機能である。この点は、ボランティア活動の定義と関わってくる。ボランティア活動とは何か、を考えると、これまでの活動に関する定義では、基本的に最初の三つの原則をあげることが多く、先駆性や先見性は、積極的に社会変革を進めるボランティアとしての行為に伴う性格であり、むしろ、パイオニアとしての性格と重複する部分があると考えられる。しかし、この特性は、生涯学習という視点からボランティアを考察する際には非常に重要な意味を含んでいる。そこで先駆性については後述し、まず、三原則の教育的意義について考えたい。

①　自発性

第一の自発性は、日常生活面における自発的な態度の育成という点で、非常に大きな意味をもつ。学習面に限ってみれば、まず、動機づけの面において、他発的な形で機会が与えられたとしても、それがきっかけとなって内発的な動機づけにつながる可能性がある。内容・方法論の上でも、人に従うマニュアル学習ではなく、自立的で（自分でしなければならない）、自律的な（自分のルールを必要とする）活動を行う具体的な見通し、知識、技能を学習し、新しい事態に遭遇した際にマニュアルに依存しないで自ら考える問題解決力を養成する。さらに他者への依存的な人間関係から、リーダーシップ能力を培う点でも教育的効果が期待できる。それはまた、自分のルールをもつこと、自分自身の行動の評価基準をもつことにもなる。その場合の自己評価の基準は、自己中心的なものではなく、他者のまなざし、他者への思いやりが含まれることとなろう。

②　無償性

第二に、ボランティア活動に伴う無償性は、無償の行為を学ぶ機会を提供する。現代の資本主義社会では、ともすれば、生きる目的や価値判断の基準がすべて金銭中心となり、社会観や人生観もまた金銭的な価値基準で判断されやすい。金銭を得ることが生きるための手段であるにもかかわらず、それが目的となるとき、すべての価値判断の基準が金銭的な利益を得られるかどうかで決定される。人間の行為や存在価値もまた、経済的な価値観から、労働力としての利用価値や歯車のような交換価値からのみ判断される危険性がある。また、人間関係もギブ・アンド・テイクの契約関係からみられる危険性がある。しかし、人の存在価値は、その利用価値や交換価値からだけで判断されるものではなく、互いに独自の固有の存在価値を認め合い、経済的な価値観からだけでなく、人類共生や相互扶助の視点から相互の発展を図っていくものとして考えられていく必要がある。無償の行為とは、豊かなものが貧しいものに施すという一方的で支配的な行為ではない。平等な関係に立ったうえで行われる共生的行為なのである。

③　公共性

第三の公共性という点では、ボランティア活動の中で各個人が社会的な役割をもつことにより、社会的な義務や権利、責任についての問題が観念的にではなく、実践を通じて考える機会が与えられる。公共性を目的や結果という視点からみると、公共の利益のための行為という意味で「公益性」という概念が用いられる。その場合、私利私欲のためでないという点で、前述の無償性と重複する教育的な意義をもつ。

また、教育の方法や内容という点では、学校以外の集団学習の効果が期待できる。学校集団や教室集団とは異なった集団の中で社会的な役割を与えられ、責任をとりながら、集団のための意思決定や社会的判断を行い、計画化、集団の運営という実践が、学習者自身に生きる自信や自尊心、人間関係の構築に必要な社会的な技能・知識を、そして学習者自身の社会的適性や将来を考える機会をもたらす。この公共活動への社会的参加という行為は、さらに重要な意味をもつ。

④　革新型学習としてのボランティア

先駆性、または先見性としてのボランティアの特性が重要な意義をもつ理由は、それが公共活動への社会参加を通して、これまでの現状維持的な学習形態から、社会的な危機を将来的に予測し、それに積極的に対応できる能力を学習できる機会となるからである。

たとえば、ローマクラブは、「先見性」を備えた「社会的参加」による学習形態を革新型学習と名づけている。「社会はこれまで危機の到来を待って、革新型学習を推進する傾向があった」。しかし、現代では、何か大事件が起こってからその問題に対処するための学習を行う時間は次第になくなりつつある。「衝撃型学習に頼ることは極めて危険である。世界的な動きの中にはやりなおしのきかないものがあるかもしれないし、誤った選択が行われるかもしれないし、その衝撃が致命的となるかもしれない。ショックを経験してはじめて学ぶ方法では、人類の生存に致命的な結果を招くかもしれないということがようやく認識されはじめた」。

にもかかわらず、未だに過去の秩序と規則を維持する学習にこだわることは大きな問題であると、提言は述べている。確かに、維持型学習には、社会の秩序を守るというそれなりの意義がある。社会の一定の水準を維持していくためには、それに必要な技能、情報、知識を伝え、発展させなければならない。しかし、社会の安定があってこその発展という考え方がすでに崩れつつある。従来の安定をゆるがす大きな危機がいくつも到来し、やり過ごして秩序を再構築することができないほどの危機的状況を迎えている。それは、「過去の経験にもとづく行動様式の変化」という学習の定義自体が問われることを意味する。

その意味で、「全世界的な問題においては、過去に学ぶよりは将来に学ぶ」という姿勢、つまり「将来への参加」という学習形態が重要となる。

ボランティア活動への参加が一九九五年の阪神淡路大震災を機会に増大したこと、ボランティア活動が教育内容に積極的に位置づけられるようになったことがたとえ適応的な対策であるとしても、それは革新型学習への一つの布石となったと考えられる。

4　生涯学習のバリアを越えて

(1)　生涯学習のいろいろなバリア

学習者個人が、ボランティア活動に関わり、参加し、経験し、成長していく過程で、学校教育をはじめとする生涯学習のシステムは、①ボランティアについての学習、②きっかけと参加の経験、③自発的活動への移行、の三段階での支援を行うことができる。

しかし、実際の生涯学習システム、国、都道府県、市区町村や学習支援団体は、まだまだ多くの課題を抱えている。

第一に、学習やボランティア活動を行うための「物理的な障害」がある。学習時間、場所、施設・設備、費用、情報などである。

第二に、言葉、価値観、習慣、生活様式、性差、民族、世代、勉強嫌い、学歴などの「文化的な障害」がある。価値観の多様化、生活習慣の相違、学歴志向などは、ボランティアや学習者だけでなく、その活動を支援する親や教師、教育委員会、文部科学省もまた考えていく必要がある。

第三に、「制度的な障害」である。学習や活動の中で、施設や団体の利用規則、情報規制など法的障害、補助金など経済的障害、グループ運営など経営的障害は、学習や活動を支援する一方で活動継続のための大きな壁になることがある。

第四は、「心理的な障害」である。ボランティアへのイメージ（思いこみ）、行動の意識、学習嫌いや普段接したことがないようなモノへの心理的距離、優越感や劣等感、疎外感、人嫌い、ストレスなどは、行動や実践の過程でいろいろな問題を生じるのではないだろうか。

(2) バリアを越えるために

実際、生涯学習の分野は、もちろん学校教育も含めてきわめて多様である。学習者にはいろいろな人々がいる。有職者、女性、高齢者、こども、障害者、外国人、若者などなど。そして、健康、教養、趣味、生活課題など学習の内容もまた、多様である。

ボランティア活動であげられている領域だけでなく、実際には多様な内容がそれぞれのボランティア活動とつながっている。さらに、ボランティアを養成する学習、ボランティア活動の中で学ぶ学習、ボランティア学習の成果としての活用や評価を考えると、事業の形態（学級・講座、集会、情報提供、交流事業等）、学習のプロセス（導入、展開、成果）、学習の方法（集団学習、個別学習）、学習のメディア（教材・教具、資料、本、事例、施設）、学習成果の評価法の開発など、課題はきわめて多い。

たとえば、物理的な障害だけを考えても、解決の具体的な戦略としては、短期的学習、長期的学習、時間割の柔軟性、交通や生活時間を配慮したカリキュラムの開発、学習場所としての交通の便、アメニティ、活動につながる地域の環境、施設・設備の制度（利用の規則、制限）や利用法の学習などがある。また、広報、教材、仲間募集、講師紹介、研修会などの問題は、情報収集や情報提供などの情報に関わる課題である。

心理的な面の解決には、知識や理解、利用法の学習、学習法の学習といった体系化された教育機会だけでなく、それを継続するための家族の支援、そして講師や仲間の励ましが重要だろう。

すでに述べたように、生涯学習の多様な領域への参加は、学習者個人の内面だけでなく、実際の知識や技術、そして自らを開発し、人とつながっていくリーダーシップ能力や共感性を育てる。そして、学習の成果としての社会参加活動の中では、それが、自分の学習とどうつながり、仕事の選択やその後の社会活動にどうつながっているのかを検討することが重要だろう。

ボランティア活動の教育的効果を長いスパンにわたって探る継続的研究が今後さらに必要とされるのではないだろうか。

■参考文献

（1）巡静一・早瀬昇『基礎から学ぶボランティアの理論と実際』中央法規、一九九七年。
（2）「月刊ボランティア」臨時号、一九九九年六月。
（3）早瀬昇「ボランティアの基礎理解」行政とボランティア・NPOの協働のあり方研究会編『行政とボランティアの協働の手引き』一九九九年。
（4）『生涯学習のボランティア・バンクに関する調査研究』（平成八年三月、研究代表者 山本慶裕）平成七年度科学研究費補助金一般研究（B）「市区町村における生涯学習ボランティア・バンクの活性化に関する実証的研究」研究成果中間報告書（課題番号07451068）。
（5）シャロン・カウフマン、幾島幸子訳『エイジレス・セルフ』筑摩書房、一九八八年。
（6）J・W・ボトキン他、大来佐武郎監訳『限界なき学習―ローマクラブ第6レポート』ダイヤモンド社、一九八〇年。

□編　者

立田　慶裕（たつた・よしひろ）

国立教育政策研究所生涯学習政策研究部総括研究官。

1953年生まれ。大阪大学大学院人間科学研究科博士課程中退。

日本の生涯学習に関する理論的・実証的研究を30年余行う一方、ユネスコやOECDなど国際機関の生涯学習政策の研究や実践に協力している。

『生涯学習論』（福村出版）『学びのデザイン』『学びのスタイル』『メディアと生涯学習』（以上、玉川大学出版部）『公民館事業Q&A』（ぎょうせい）など、編著書多数。

□執筆者一覧（執筆順）

立田《たつた》　慶裕《よしひろ》（序、1章、9章）

福島《ふくしま》　慎治《しんじ》（2章）埼玉県本庄市教育委員会学校教育課指導主事

大沼《おおぬま》　透《とおる》（3章）宮城県教育庁義務教育課指導班指導主事

中橋《なかはし》　政美《まさみ》（4章）大阪府阪南市立保健センター所長

加藤《かとう》かおり（5章）新潟大学 大学教育開発研究センター助教授

岩崎《いわさき》久美子《くみこ》（6章）国立教育政策研究所生涯学習政策研究部総括研究官

鬼頭《きとう》　尚子《なおこ》（7章）国立教育政策研究所生徒指導研究センター主任研究官

柵《さく》　富雄《とみお》（8章）富山インターネット市民塾推進協議会事務局長

参加して学ぶボランティア

2004年9月30日　第1刷

編　者　立　田　慶　裕

発行者　小　原　芳　明

発行所　玉　川　大　学　出　版　部

〒194-8610　東京都町田市玉川学園6-1-1

TEL　042-739-8935　FAX　042-739-8940

http://www.tamagawa.jp/introduction/press

振替　00180-7-26665

NDC　379

印刷所　電算印刷株式会社

ISBN4-472-40312-9　C0037

学びのスタイル　赤尾勝己・山本慶裕編著
生涯学習入門
言葉・メディア・イメージを用いて、いかに自分の可能性を広げていくか。知的で豊かな暮らしをめざす人へ学び方の事例を呈示する。
A5・2800円

学びのデザイン　赤尾勝己・山本慶裕編著
生涯学習方法論
対話を通じた学習の楽しみとは？　グループによる効果的な学習法と生涯学習の全体的設計を構想するメタ学習の手引き応用編。
A5・3000円

メディアと生涯学習　笹井宏益・山本慶裕編著
本・新聞・テレビからインターネット・携帯電話などまで、情報社会に対応する「学びのツール」の活用法と教育実践を紹介する。
四六・2700円

私らしい生きかたを求めて　岩崎久美子　中野洋恵編著
女性と生涯学習
自ら学び自ら力をつけることが求められる社会のなかで、男女がよりよきパートナーとなるために、人生をどのようにデザインしたらよいか。
A5・2800円

成人教育は社会を変える　E・ハミルトン　田中・笹井・廣瀬訳
住民、専門家が対等な立場で参加し、協力して地域づくりの学習をすすめ、生活環境や自分自身を向上させる成人教育の例とノウハウを多数紹介。
A5・3800円

音楽学習のフロンティア　高萩保治編
民話のミュージカル化や心理療法、ハイテク楽器による新しい表現、また民俗音楽や生涯学習などを網羅した本書は、音楽指導者にとって必携の書。
A5・2400円

表示価格に消費税が加算されます。